丝绸之路的重生（上）

SICHOU ZHILU DE CHONGSHENG

丛书主编 / 王义桅

分册主编 / 王现锐　安孟瑶

新世界出版社
NEW WORLD PRESS

图书在版编目（CIP）数据

丝绸之路的重生. 上 / 王义桅主编. -- 北京：新世界出版社，2019.6

（“一带一路”读本）

ISBN 978-7-5104-6787-5

Ⅰ. ①丝… Ⅱ. ①王… Ⅲ. ①“一带一路”－国际合作－青少年读物 Ⅳ. ①F125-49

中国版本图书馆CIP数据核字(2019)第110851号

编　委　杨晶晶　曾　斌　田金鹭　车　慧　田伟平
曾玲玲　杨高飞

丝绸之路的重生（上）

作　　者：王现锐　安孟瑶
责任编辑：曲衍立
责任印制：王宝根　章莹莹
出版发行：新世界出版社
社　　址：北京西城区百万庄大街24号(100037)
发 行 部：(010)6899 5968　(010)6899 8705（传真）
总 编 室：(010)6899 5424　(010)6832 6679（传真）
http://www.nwp.cn
http://www.nwp.com.cn
版 权 部：+8610 6899 6306
版权部电子信箱：nwpcd@sina.com
印　　刷：合肥华云印务有限责任公司
经　　销：新华书店
开　　本：787mm×1092mm 1/16
字　　数：70千字　　印　　张：5
版　　次：2019年6月第1版　2019年6月第1次印刷
书　　号：ISBN 978-7-5104-6787-5
审 图 号：GS（2018）3695号
定　　价：11.00元

我们与收入本书的作品（包括图片、画作）的作者进行了广泛联系，得到了他们的大力支持。对此，我们表示衷心感谢。但仍有部分作者未能联系上。烦请作者与我们联系，以便支付稿酬。

PREFACE 前言

丝绸之路是源于古代中国，连接亚洲、非洲和欧洲的商贸之路，也是东西方经济、政治、文化的交流之路。它促进了沿线各国物质的繁荣和经济的发展，加强了沿线各民族之间的联系，推动了世界文化多样性的发展，对整个人类文明史产生了重大而深远的影响。

2013 年 9 月和 10 月，中国国家主席习近平在出访中亚和东南亚国家期间，先后提出共建“丝绸之路经济带”和“21 世纪海上丝绸之路”（即“一带一路”）的倡议，得到国际社会的高度关注。“一带一路”倡议为古代丝绸之路注入了新的时代内涵，展示了中华民族的博大胸怀与豪迈气魄。

中学生作为祖国的希望，国家未来的栋梁之材，了解丝绸之路的历史，传承和弘扬丝绸之路精神十分必要。基于这样的思考，我们专门策划和编写了针对中学生的“一带一路”读本——《丝绸之路的历史》《丝绸之路的重生》。

在策划编写本套读本的过程中，我们邀请到了中国人民大学欧洲研究中心研究员、国际关系学院教授、博士生导师王义桅老师担任我们的主编。王义桅老师是“一带一路”问题的研究专家，对“一带一路”沿线国家有着自己独特且深刻的见解，曾出版过《再造中国——领导型国家的文明担当》《世界是通的：“一带一路”的逻辑》等多部相关专著，广受读者好评，是 2015 和 2016 年度“中国好书”获得者。

本套读本根据中学生的年龄特点、知识结构和接受能力进行编写，具有通俗易懂、知识性和趣味性强等特点，综合介绍了丝绸之路的历史和“一带一路”建设的现状与成就。

《丝绸之路的历史》和《丝绸之路的重生》均分为上、下两册，每一册分为九课，在编排上以课文配课后思考题的形式呈现，便于学生自读、教师指导。针对学生重“图”轻“文”的特点，我们在书中加入了大量精美的插图，采用图文结合的方式，让学生在获得美的享受的同时轻松理解书中的知识；对学生可能不太理解但很感兴趣的事件或名词，我们设置了“知识链接”栏目，以拓宽学生的视野，提高学生阅读的兴趣；在每一课的末尾我们还设置了“课后思考”，以培养学生思考问题和解答问题的能力。

我们期待各位中学生能在清新优美的文字和图文并茂的情境中，学习到“一带一路”的相关知识和丝路上传奇人物的可贵精神品质，感受到“和平合作、开放包容、互学互鉴、互利共赢”的丝路精神，立志为“一带一路”建设奉献自己的力量。

目　录

Contents

引　言

古时候，丝绸之路像一条飘逸的丝带，穿行于广袤的陆地与海洋，将中华文明、印度文明、波斯文明、阿拉伯文明和欧洲文明串联在一起。在两千多年的历史中，虽屡经战火阻断，但丝绸之路上的交流从未停止过。一支支驼队、一艘艘航船运载着丝绸、瓷器、铁器、茶叶、书籍等商品去往西方，运载着亚麻、香料、葡萄、石榴、象牙、琥珀、金银珠贝等特产来到中国。中国的养蚕术、冶铁术、造纸术、印刷术和火药由丝绸之路传向世界，佛教、伊斯兰教、基督教、祆教和摩尼教也经由丝绸之路传入中国。丝绸之路是古代最发达的经济走廊，也是知识和文化的交流中心。

今天，中国提出的“一带一路”倡议成为全球的热点，受到许多国家的关注和欢迎，亚、欧、非三大洲上的“一带一路”建设正如火如荼。那么，在丝绸之

路上“重生”的“一带一路”是一个什么样的概念？为什么会提出“一带一路”倡议？“一带一路”建设是怎么展开的？它又会对中国和世界产生哪些影响呢？

接下来，让我们一起来翻开丝绸之路重生的崭新篇章吧！

第一课 路在何方

今天，我们可以看到许许多多的海淘网站和其他海外购物渠道，美国的车厘子、日本的电饭煲、加拿大的枫糖和冰酒，都成了全球各国人民触手可及的商品。麦当劳、肯德基已经遍布世界各地，中国的煎饼和凉皮走出了国门，甚至在美国纽约开起了连锁店，受到美国人的追捧。出境游、跨国游也逐渐风靡中国，而在中国的北京、上海等大城市，我们也可以看到来自世界各地的外国友人穿梭在大街小巷，感受着中国独有的悠久历史，也逐渐融入了中国独特的社会环境和文化环境之中。这一切，都是经济全球化赋予时代的新面貌。

而曾经横亘亚欧大陆、在中西方历史上记下了浓墨重彩的一笔的丝绸之路，却渐渐走向了衰落。在这几百年里，世界是怎样一步步走向全球化的？今天的世界和中国，又面临哪些新的机遇和挑战呢？

时代变化

公元 1405 年到公元 1433 年，郑和七次下西洋，创造了海上丝绸之路最后的辉煌。在郑和的船队消失于海面上半个多世纪后，达•伽马、哥伦布、麦哲伦等人鼓起风帆，开启了西方人的大航海时代。新大陆的发现，新航线的开辟，促使

残酷的殖民战争

欧洲人展开了殖民扩张和对海洋贸易的垄断。海上丝绸之路成了环球航行网络的一部分，中国也被拉进了新的世界秩序中。

18 世纪中叶，英国发明家詹姆斯•瓦特改良了蒸汽机，继而引发一系列技术革新，欧洲率先步入工业革命，中国与西方国家之间的力量平衡被打破。欧洲人沿着远洋航线，把机器生产出来的大量商品卖往世界各地。随之而来的，是正在形成的世界市场和庞大的殖民体系。沙漠里的驼铃声不再响起，阿拉伯人的商船再无踪迹，兴旺了十几个世纪之久的丝绸之路慢慢沉寂，西方列强的炮舰之路取而代之。

随着各殖民帝国之间矛盾的激化，直至不可调和，第一次世界大战和第二次世界大战相继爆发。战争给世界各国人民带来了深重的苦难，也促使了各国人民民族意识的觉醒。二战后，西方殖民体系逐渐崩溃，亚洲和非洲国家纷纷独立。

获得新生的亚非民族，要走的是发展这一共同道路。但此时，世界上形成了美苏两极争霸的格局，冷战日益加剧。亚非广大的发展中国家处在两大强权的中间地带，它们的独立与安全受到了严重威胁。面对这种局面，在 1955 年 4 月举行的万隆会议上，诞生了发展中国家团结合作的“万隆精神”，开启了“南南合作”这种新的平等合作模式。

周恩来在万隆会议上发言

知识链接

万隆精神即万隆会议十项原则，它是和平共处五项原则的引申和发展，包括“团结、友谊、合作、和平共处、求同存异”等内容。

南南合作指的是发展中国家间的经济技术合作。因为发展中国家的地理位置大多位于南半球和北半球的南部，因而发展中国家间的经济技术合作被称为“南南合作”。

20 世纪 90 年代，苏联解体，两极格局瓦解，冷战结束，由此世界开始走向多极化。新科技革命推动经济全球化发展，和平与发展成为新的时代主题。

今日世界

今天的世界，正发生复杂深刻的变化。

发达国家是经济全球化的主导，因而它们在经济全球化过程中占有更多的优势，获得了更多的利益，而发展中国家则始终处于不利地位。跨国公司是经济全球化的重要推动器，在国际贸易中获取了大部分利润，与之相对的是许多国家内部小企业生存艰难，普通民众收入停滞不前。这些因素导致资源分配的不平等、

非洲中部的贫民定居点

大范围金融风险的出现和全球贫富差距的加大。贫困及其衍生的饥饿、疾病、社会冲突等一系列难题困扰着许多发展中国家。发展中国家急需资金和技术支持，来开启或加速工业化进程，以走出贫困的泥淖。

知识链接

世界银行发布的《2016年贫困和共同繁荣报告》显示，2013年全球贫困人口数量为7.67亿，约占当时世界人口总数的10.7%，其中绝大部分集中在发展中国家，尤其是在南亚和撒哈拉以南非洲。报告指出，尽管2008年金融危机以来全球经济复苏缓慢，但全球贫困人口却在大幅下降，这主要归功于中国等亚太地区国家贫困人口下降。1981—2012年，全球共减少11亿贫困人口，其中有7.9亿是中国减少的贫困人口，而撒哈拉以南非洲贫困人口仍在增加。

利益分配不均，贫富差距扩大，致使经济全球化受阻，贸易保护主义抬头。2008年爆发国际金融危机后，全球经济和产业结构进入调整期。发达经济体财政紧缩，世界经济低速增长，贸易和投资持续低迷，致使国际竞争加剧，国际贸易投资保护主义强化。许多国家为促进就业和扶持本国产业，设置各种贸易壁垒，国际贸易摩擦不断加剧。尤其针对中国的反倾销、反补贴、投资审查增多，比如G20中就有17个国家对中国推出了78项贸易保护主义措施。

知识链接

G20，即20国集团，是一个国际经济合作论坛，现由英国、美国、日本、俄罗斯、中国等19个国家及欧盟组成。其宗旨是推动已工业化的发达国家和新兴市场国家之间就实质性问题进行开放及有建设性的讨论和研究，以寻求合作并促进国际金融稳定和经济的持续增长。

在经济全球化受阻的情况下，区域经济合作成了各国减缓经济危机冲击、实现稳定增长的必然选择。许多国家和组织都提出各自版本的区域经济计划，试图通过强强联合、强弱互补的方式，优化市场、资源的配置，以求在新的经济格局中取得优势。

知识链接

许多国家和组织的区域经济合作正加速发展。拉美的“南方共同市场”与“安第斯共同体”建立自由贸易区，印度、巴西、南非建立起三国合作框架，东盟和上海合作组织开展深入合作，东非共同体、东南非共同市场和南部非洲发展共同体将建立“三合一自由贸易区”，美国与欧盟达成“零关税自贸区”协议……

长期以来，发达国家是推动世界经济发展的主要引擎，而金融危机使得发达国家的经济增长显著下降。“金砖国家”“新钻 11 国”等新兴发展中国家成为世界经济发展的新引擎，其经济增速和收入增速都显著快于发达国家。但新兴经济体的国家话语权远远落后于其经济实力，原因是现行的国际经济规则主要是在美欧等发达国家主导和操纵下制定的，首先体现的自然不是发展中国家的利益和需要。新兴经济体必须争取自己的权利，修正原有规则，制定新的规则。

知识链接

金砖国家最初指中国、俄罗斯、印度、巴西，后南非加入，也称“金砖五国”。2016 年，五国的国内生产总值（GDP）总量占了世界各国 GDP 总量的 27%。

新钻 11 国指巴基斯坦、埃及、印度尼西亚、伊朗、韩国、菲律宾、墨西哥、孟加拉国、尼日利亚、土耳其、越南。

今天的世界总体和平，但因利益冲突导致的局部战争一直不断，恐怖主义愈演愈烈。2010 年开始，中东的突尼斯、埃及、利比亚、也门、巴林、叙利亚等国先后陷入动乱或战争，这给中东人民带来了深重的伤害。中东难民纷纷涌向欧洲，给欧洲各国的安全和稳定造成极大压力，引发了“欧洲难民危机”。中东的动乱还使得极端恐怖组织“伊拉克和大叙利亚伊斯兰国（ISIS）”发展壮大。与此同时，世界各地（尤其是欧洲国家和美国）的恐怖事件不断发生，给许多国家和地区笼罩上愈发浓厚的阴云。

一名士兵在凝望叙利亚的废墟

总的来说，全球增长动能不足、发展失衡、经济治理滞后三大矛盾一直没有得到解决。和平赤字、发展赤字、治理赤字，成为摆在全人类面前的严峻挑战。人类又走到了一个发展的十字路口，面临着能否做出正确抉择的重要考验。世界经济增长需要新动力，发展需要更加普惠平衡，贫富差距鸿沟有待弥合。与此同时，新一轮科技和产业革命正在孕育，各国利益深度融合，和平、发展、合作、共赢成为时代的潮流。

知识链接

为应对新一轮科技和产业革命，中国政府制定了实施制造强国战略第一个十年的行动纲领——《中国制造2025》，内容涵盖了新一代信息技术产业、高档数控机床和机器人、航空航天装备、海洋工程装备及高技术船舶、先进轨道交通装备、节能与新能源汽车、电力装备、新材料、生物医药及高性能医疗器械十大领域。

今日中国

1949年中华人民共和国成立，结束了中国半殖民地半封建社会的历史。之后经过近30年的建设，中国建立了完整独立的国民经济体系。1978年末，中国开启改革开放，国家实力开始快速增长。2010年，我国经济总量超过日本，成为世界第二大经济体。中国经济总量占世界经济总量的比例，从1978年的1.8%上升至2017年的约15%。中国的外汇储备，1978年仅1.67亿美元，2006年突破1万亿美元，此后一直位居世界第一。

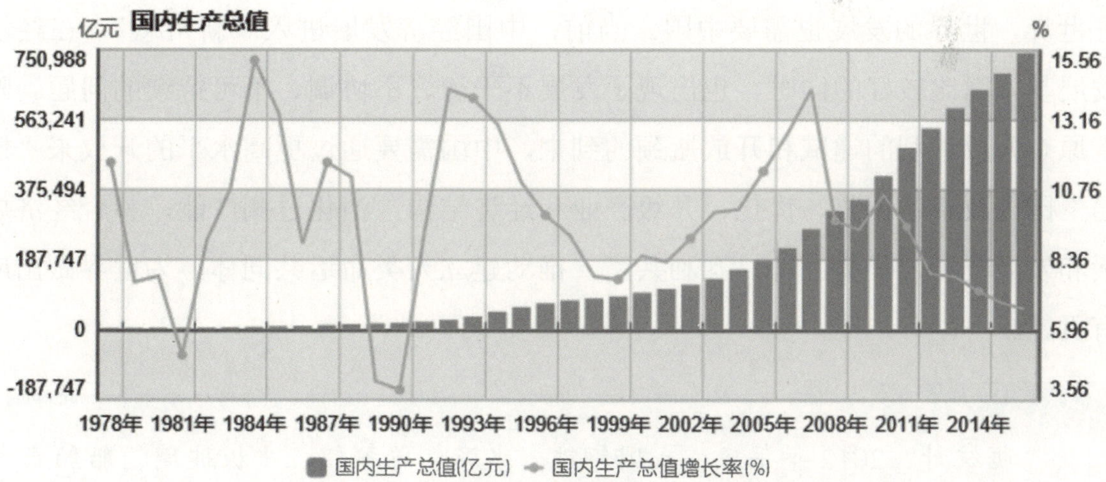

1978—2016年中国GDP和GDP增长率

21世纪是一个“中国制造”无处不在的时代。自2009年中国制造出口登上全球出口首位以来，中国一直稳居世界制造业第一大国地位，工业制成品出口占全球制成品贸易的七分之一。当全世界都在享受着质优价廉的“中国制造”时，中国已在通信、高铁、船舶、核电等高端制造业领域达到国际领先水平。今天的中国是全球最大的货物贸易国，是120多个国家的最大贸易伙伴。今天的中国也是全世界唯一拥有联合国产业分类中全部工业门类的国家，具有全世界最完备、最齐全的工业体系。借助近40年的改革开放，中国正在全面提升自己的综合国力。中国的发展道路，正获得越来越广泛的认同。

蓄势待发的中国高铁

中国的发展得益于改革开放，对外开放使中国融入世界。中国的发展离不开世界，世界的发展也需要中国。当前，中国经济发展进入“新常态”，在经济发展基本面比较好的同时，也出现了发展不平衡、不协调、不可持续的问题。随着原有开放红利的递减和开放瓶颈的到来，中国需要通过更高水平的开放来“倒逼”国内改革，调整、优化、升级产业和经济结构，消化过剩产能，整合经济要素和发展资源，优势互补，互利共赢，推动建立人类命运共同体，为世界做出应有贡献。

知识链接

据统计，2012年年底，我国钢铁、水泥、电解铝、平板玻璃、船舶五大行业产能利用率分别为72%、73.7%、71.9%、73.1%和75%，均够上产能过剩标准。

路在何方

当推进国家与国家之间发展战略相互对接、进行互利合作成为共同需要和普遍共识时，无论是中国还是世界都需要探索出一种新的方式进行合作，使发展更为均衡，更为普惠，更为智慧。但在行动之前，人们不得不思考一个问题：路在何方？

课后思考

1.根据本课内容，说说当今世界面临着哪些挑战。

2.查阅相关资料，了解中国经济进入“新常态”的特征，同时思考中国为什么需要提高开放水平。

第二课　应运而生

目光汇聚

今天的亚欧大陆呈现着比较特殊的发展面貌。它的东端是充满活力的亚太经济圈，西端是发达的欧洲经济圈，中间的广阔腹地则是发展中国家群体。东西两端由于地缘优势，发展较充分。中间的发展中国家群体尽管有着丰富的能源资源和极大的发展潜力，但并没有得到完整有效的开发和利用，相对比较落后。

受地理位置和气候的影响，亚欧大陆中部大部分地区面临着水资源缺乏的问题，而且由于经济发展的基础比较薄弱，许多国家的铁路交通、基本的公共设施都存在很多问题。炎炎烈日下，拥挤的人群、破旧的公共汽车和火车极易发生交通事故，由于贫困和缺水，更是经常发生一些冲突事件，引发社会动荡。

以吉尔吉斯斯坦为例，吉尔吉斯斯坦自然资源丰富，煤产量在中亚国家中首屈一指，被誉为“中亚煤斗”，锑产量居世界第三位，锡和汞的产量居独联体第二位，羊毛产量和水电资源居独联体第三位。但是吉尔吉斯斯坦却几乎是中亚最贫困的国家，贫困人口的比例高达39.9%。

知识链接

独联体是由苏联大多数共和国组成的进行多边合作的独立国家联合体。独联体现有俄罗斯、白俄罗斯、摩尔多瓦、亚美尼亚、阿塞拜疆、塔吉克斯坦、吉尔吉斯斯坦、哈萨克斯坦、乌兹别克斯坦9个成员国。

亚欧大陆上不均衡的形势实际上并不利于地区的整体发展。如果能够通过一条链、一条崭新的道路把不同的国家串联在一起，取长补短，一定能够让更多的国家从中受益，更好地发挥自己的优势，通过合作和互相帮助来实现腾飞。

丝绸之路源于中国，也与沿途的其他国家息息相关。随着历史的发展和时代的变迁，许多国家都意识到了丝绸之路的重要意义，纷纷把目光聚集到丝绸之路沿线的各个国家和地区，推出了各有特色的丝绸之路计划。

美国的“新丝绸之路计划”、俄罗斯的“欧亚经济联盟”、日本的“丝绸之路外交”、欧盟的“中亚伙伴关系”等各种重要的战略计划都关系到丝绸之路沿线的许多国家，从这一点足以看出其在国际上的重要意义。

联合国也在 2003 年发起了“丝绸之路倡议”，希望能够通过这个倡议来推动丝绸之路沿线国家和地区在贸易投资和旅游文化等各个方面进行深入的交流和合作。除了中国之外，哈萨克斯坦、塔吉克斯坦、吉尔吉斯斯坦、乌兹别克斯坦等国家都积极参与了这个项目。中国贡献了很大数额的投资，来帮助其他相对较为困难的国家修建铁路等基础设施。

在有着“圣城”之称的沙特阿拉伯麦加，就有中国公司承建的基建项目。每年都有许许多多忠实虔诚的信徒来到麦加朝觐，熙熙攘攘的人群让麦加的交通运输面临着严峻的考验。中国铁建股份有限公司承建了沙特麦加轻轨铁路，不但按期完成了铁路的修建任务，按期开通运营，而且实际发挥的交通运输作用超过了预期，信徒们终于不必再忍受长时间的拥堵和烈日下的跋涉。麦加铁路的修建，不但为麦加带来了井然有序的高效运输条件，也让中国赢得了世界的称赞和尊重。这可以说是一个无比生动的例子，足以说明中华民族、炎黄子孙在帮助友邦、寻求合作这一态度上的非凡诚意。

麦加轻轨

应运而生

中国是丝绸之路东端最重要的国家，对丝绸之路的影响不言而喻。在近代，中国为了生存与独立而艰难跋涉，丝绸之路也随之陷于衰落，长期消失在历史的视野中。今天，包括中国在内的一些亚洲发展较快的国家要超越中等收入阶段，步入发达经济体行列，必须转变经济增长模式；而亚洲拥有近 7 亿贫困人口，减少贫困、消除发展的不平衡依然任重道远。中国与亚洲各国的合作具有广泛的内在需求，中国的命运也与亚洲的命运休戚与共。

哈萨克斯坦这片土地，是古丝绸之路经过的地方，曾经为沟通东西方文明，促进不同民族、不同文化相互交流和合作做出过重要贡献。阿斯塔纳，哈萨克斯坦的首都。1997 年，哈萨克斯坦政府将首都从阿拉木图迁往阿斯塔纳，短短十几年间，它发展成为一座美丽的现代化城市，这是哈萨克斯坦人民在这片神奇土地上书写的一个优美诗篇。在这座年轻的首都中，有着一所年轻的大学，这所大学以现任哈萨克斯坦总统的名字命名，叫纳扎尔巴耶夫大学。

2013 年 9 月 7 日，纳扎尔巴耶夫大学里宾客云集，古色古香的讲堂里悬挂着中国和哈萨克斯坦两国国旗，整个讲堂已是座无虚席，大家怀着期待的心情等待

纳扎尔巴耶夫大学

着一场别开生面的演讲的开始。能够在大学期间亲临现场聆听来自神秘的东方大国——中国国家主席习近平的演讲，将是这群幸运的哈萨克斯坦青年学生们一生的荣光，或许它将会改变这群哈萨克斯坦民族精英们的人生轨迹，对中哈两国的发展产生不可估量的作用。

"……我的家乡，中国陕西省，就位于古丝绸之路的起点。站在这里，回顾历史，我仿佛听到了山间回荡的声声驼铃，看到了大漠飘飞的袅袅孤烟。这一切让我感到十分亲切。……"习近平主席发表题为"弘扬人民友谊　共创美好未来"的重要演讲，用诗意的语言描绘了古丝绸之路的繁华，并首次发出倡议：为了使欧亚各国经济联系更加紧密、相互合作更加深入、发展空间更加广阔，我们可以用创新的合作模式，共同建设"丝绸之路经济带"，以点带面，从线到片，逐步形成区域大合作。

让我们再把目光转向"千岛之国"印度尼西亚。中国和印度尼西亚隔海相望，两国友好关系的历史源远流长。早在2000多年前的中国汉代，两国人民就克服大海的阻隔，打开了两国往来的大门。15世纪初，中国明代著名航海家郑和七次远洋航海，每次都到访印尼群岛，足迹遍及爪哇、苏门答腊、加里曼丹等地，留下了两国人民友好交往的历史佳话。

几百年来，辽阔浩瀚的大海没有成为两国人民交往的阻碍，反而成为连接两国人民的友好纽带。满载着两国商品和旅客的船队往来其间，互通有无，传递情谊。中国古典名著《红楼梦》对来自爪哇的奇珍异宝有着形象描述，而印度尼西亚国家博物馆则陈列了大量中国古代瓷器，这是两国人民友好交往的生动例证，是对"海内存知己，天涯若比邻"的真实诠释。

2013年10月3日，中国国家主席习近平在印度尼西亚国会发表题为"携手建设中国—东盟命运共同体"的重要演讲。他在演讲中指出："东南亚地区自古以来就是'海上丝绸之路'的重要枢纽，中国愿同东盟国家加强海上合作，使用好中国政府设立的中国—东盟海上合作基金，发展好海洋合作伙伴关系，共同建设'21世纪海上丝绸之路'。"

在丝绸之路沉寂了数百年之久后，"一带一路"这一顺应地区和全球合作潮流、契合沿线国家和地区发展需要的新的理念和倡议终于应运而生。

携手同行

千百年来，“和平合作、开放包容、互学互鉴、互利共赢”的丝绸之路精神薪火相传。“一带一路”倡议，是中国根据古丝绸之路留下的宝贵启示，着眼于各国人民追求和平与发展的共同梦想，为世界提供的一份充满东方智慧的共同繁荣发展的方案。

丝绸之路经济带从中国西部内陆地区出发，横贯亚欧大陆，重点畅通中国经中亚、俄罗斯至欧洲（波罗的海），中国经中亚、西亚至波斯湾、地中海，中国至东南亚、南亚、印度洋。21 世纪海上丝绸之路重点方向是从中国沿海港口过南海到印度洋，延伸至欧洲；从中国沿海港口过南海到南太平洋。“一带一路”倡议辐射亚欧非三大洲，横跨太平洋和印度洋，区域内大多数是新兴经济体和发展中国家。依托强大的工业制造能力和优势产业，中国将通过共建“一带一路”与沿线发展中国家建立新型经济合作模式，使中国的产品、装备、技术和沿线国家的资源、市场形成良性循环。

“一带一路”倡议将对全球经济的振兴与世界和平稳定产生积极深远影响。“一带一路”倡议涉及的沿线国家总人口约 44 亿，经济总量约 21 万亿美元，分别占全球的 63% 和 29%。正如习近平主席所说，“一带一路”是中国为地区和全球发展提供的“一个包容性巨大的发展平台”。借助这个平台，中国将致力于推动完善国际治理体系，积极推动扩大发展中国家在国际事务中的代表性和发言权，为国际社会贡献中国智慧，提供公共产品。在这个平台上，中国与沿线国家在资金、工业化、基础设施建设和资源能源等方面的优势与需求有望得到有效互补，南南合作与南北合作将获得新的动力、载体，亚欧大陆的贸易、交通、物流条件将得到改善，发展中国家的工业化进程将得到加速。

地球是我们共同的家园，“一带一路”沿线的各个国家与中国，就像是生活在同一个家园中的兄弟姐妹，同呼吸，共命运。这一项跨越了多个国家的“世纪工程”不仅需要中国的牵头，更需要沿线各个国家民众的支持。只有大家携手同行，才能开创美好未来。

放眼望去，各领域快速展开的“一带一路”建设，正展现出无限前景。通过以政策沟通、设施联通、贸易畅通、资金融通、民心相通为主要内容的合作，人们正在努力将沿线各国打造为政治互信、经济融合、文化包容的利益共同体、命运共同体和责任共同体。

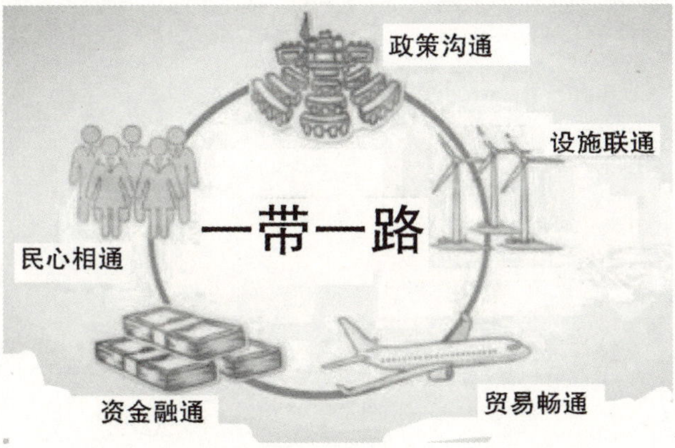

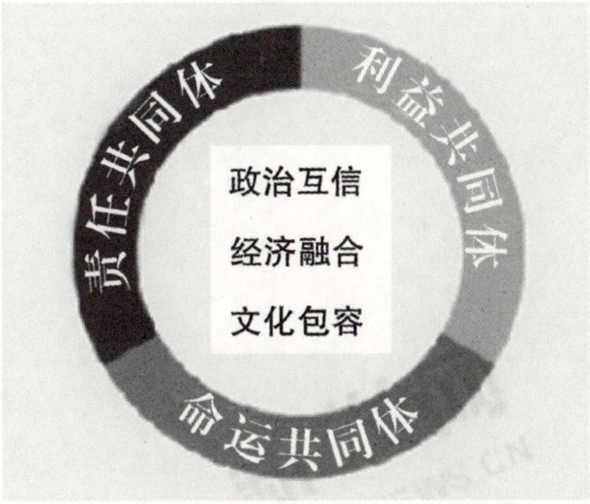

课后思考

1. 吉尔吉斯斯坦自然资源十分丰富，却几乎是中亚最贫困的国家，你认为主要原因是什么？

2. 从课文中可知，除了中国提出“一带一路”倡议外，美国也提出了“新丝绸之路计划”，但是前者受到了国际社会的高度关注和响应，后者却从国际话语中消失多时。查阅相关资料，简要叙述二者的主要区别和一成一败的主要原因。

3. 习近平主席在出访哈萨克斯坦和印度尼西亚时，都发表了演讲，两篇演讲都倡导共同建设“一带一路”。请你谈谈，建设“一带一路”会给沿线国家带来哪些有利影响。

第三课　宏伟蓝图

“一带一路”不是一个实体，而是一个合作倡议，其原则是共商、共建、共享。“一带一路”也不限于古代丝绸之路的地理范围，而是时刻向所有志同道合的国家和地区开放。自“一带一路”倡议提出以来，世界上众多国家和国际组织纷纷响应和支持，不断加入“一带一路”合作，扩大着“一带一路”的“朋友圈”。

为推进实施“一带一路”重大倡议，让古丝绸之路焕发新的生机活力，以新的形式使亚欧非各国联系更加紧密，互利合作迈向新的历史高度，2015 年，中国政府制定并发布了《推动共建丝绸之路经济带和 21 世纪海上丝绸之路的愿景与行动》。在文件中，系统地勾勒了“一带一路”的路线，描绘了“一带一路”的宏伟蓝图。

六大走廊

互联互通的“一带一路”让世界更紧密地连在了一起，也让很多异国他乡的资源和产品来到中国，“飞入寻常百姓家”，棕榈油就是这众多产品中的一种。

快节奏的生活，让快餐食品方便面成为人们的“宠儿”。在方便面的制作中，离不开一种神奇的原料——棕榈油。要想让方便面在不加入防腐剂的前提下既美味又不易变质，棕榈油就是关键。每炸一块方便面，需要消耗棕榈油 12 克。中国是方便面的生产大国和消费大国，光是满足中国老百姓对方便面的需求，就得上百万吨的棕榈油。可棕榈油中国却很少生产，因为用来生产棕榈油的油棕树，主要生长在热带地区。

鲜有人知的是，早在 100 多年前，油棕树就是古丝绸之路上的“旅者”。这种原产自非洲的热带植物，经“海上丝绸之路”，漂洋过海，从非洲西海岸来到了东南亚，并在这里落地生根。现在，东南亚是全世界最大的棕榈油生产地，这里生产的棕榈油返销西非，迈向全世界。

知识链接

油棕树，棕榈科，常绿直立乔木，是世界上单位面积产量最高的一种木本油料植物。原产非洲热带地区，我国海南、台湾及云南地区也有栽培。一般亩产棕榈油 200 千克左右，比花生产油量高五六倍，是大豆产油量的近 10 倍，因此有“世界油王”之称。

如今，棕榈油一跃成为中国从“一带一路”沿线国家进口量最大的农副产品之一，“一带一路”沿线国家棕榈油的年贸易量已超过 4000 万吨。棕榈油的出口不仅满足了沿线国家商品生产的需求，也在一定程度上为当地人民带来了不错的收入，促进了出口国经济的发展。

棕榈油最大的出口国马来西亚，便位于“一带一路”规划中的中国—中南半岛经济走廊上。该走廊以中国广西南宁和云南昆明为起点，以新加坡为终点，纵贯中南半岛的越南、老挝、柬埔寨、泰国、缅甸、马来西亚等国家，是连接中国与中南半岛的大陆桥，也是中国与东盟合作的跨国经济走廊。

目前，昆明通往越南、老挝等中国周边国家的高速公路省内段已建成；新滇越铁路已建成通车；中老铁路、中泰铁路、雅万高铁等多条铁路正在建设中；中国—中南半岛跨境电商结算平台、中国—东盟（钦州）华为云计算及大数据中心、龙邦茶岭跨境经济合作区试点建设项目、南海国际邮轮母港及航线建设工程、缅甸—中国（金山都）农业示范区等 9 个项目业已签约。我们完全有理由相信，经过若干年的不懈努力，中国—中南半岛经济走廊将会成为世界经济体中最为活跃的一部分。

中国—中南半岛经济走廊和新亚欧大陆桥、中蒙俄、中国—中亚—西亚、中巴、孟中印缅经济走廊一起，构成了“一带一路”规划中的六大经济走廊，是“一带一路”建设的“骨架”。其中，新亚欧大陆桥是中国直通欧洲的物流主通道，中蒙俄经济走廊偏重国家安全与能源开发，中国—中亚—西亚经济走廊是一条能源大通道，中巴经济走廊是接通丝绸之路经济带和 21 世纪海上丝绸之路的石油运输通道，孟中印缅经济走廊则强调南亚、东南亚、东亚三大经济板块的联合发展。

国内版图

“一带一路”不仅串起了沿线的各个国家，也串起了国内的三十四个省区市。从边境到港口，从沿海到内陆，从东到西，描绘出了一幅全新的图景。新疆吐鲁番的烈日和葡萄架，清晨松花江上日出之际的第一缕霞光，西安老城墙上夕阳投下的斑驳光影，内蒙古苍茫广阔的草原上悠扬的长调，云南昆明盛放的娇嫩玫瑰，香港浅水湾的细沙和轻柔海浪，滔滔长江汇入海洋的滚滚波涛，中国的每一片土地都与“一带一路”相连，敞开怀抱迎接着来自世界的机遇和挑战。

巍巍天山，葡萄美酒。新疆自古就是我国的西北出口，是古代陆上丝绸之路重要的交通枢纽、商贸中心和文化中心。在“一带一路”建设中，新疆被定位为“丝绸之路经济带核心区”。

新疆的地理位置在“一带一路”计划中有着得天独厚的优势。新疆向东可以连接国内广大的内地省份，向西则连接着中亚、南亚、西亚甚至欧洲。新疆与蒙古、俄罗斯、哈萨克斯坦、吉尔吉斯斯坦、塔吉克斯坦、阿富汗、巴基斯坦和印

采摘吐鲁番葡萄

度八个国家接壤，有着曲折漫长的边境线。同时，新疆还有着丰富的耕地、能源和矿产资源，在历史、文化、宗教等方面也与中亚国家有着相似性和关联性。这些都为新疆的对外贸易提供了天然的便利。

为更好地对接丝绸之路经济带，新疆将加强建设向西开放基础设施的互联互通，建设面向中亚、西亚、南亚和欧洲的大通道；加大沿边开放力度，重点加强喀什、霍尔果斯经济开发区和口岸建设；加快国际现代物流业发展，完善区域内国际营销网络，积极发展跨境电子商务。新疆将努力打造成为交通枢纽中心、商贸物流中心、金融中心、文化科教中心和医疗服务中心。2016 年，乌鲁木齐高铁站正式运营，标志着其交通枢纽建设迈出了一大步。

从中欧（中亚）班列乌鲁木齐集结中心驶出的列车

碧海云帆，货通千年。福建是我国东南沿海的门户，福州、泉州、漳州等市，都是海上丝绸之路的重要起点。福州港与广州、扬州、明州（今宁波）并列为唐代四大贸易港口。泉州港更是举世闻名，宋元时期被誉为当时的“东方第一大港”，与近百个国家和地区有密切往来。在融入“一带一路”建设、加强对外交流合作方面，福建具有人文关系密切、历史渊源久远、产业互补性强、海洋文化底蕴深厚的独特优势，被定位为“21 世纪海上丝绸之路核心区”。

泉州石湖港

对接“一带一路”，福建将以与东南亚地区的经贸文化交流为重点方向，加快建设厦门东南国际航运中心，推进中国—东盟海上合作基金项目、远洋渔业基地建设，进一步做好华侨特别是新生代华侨工作，以服务经济建设为主线提升外事办事效率。福建将通过“一个枢纽、六个平台和三个基地”建设，发挥泉州、福州、厦门、平潭“一区三点”龙头引领作用，依托漳州、莆田、宁德、三明、龙岩、南平“三港三地”腹地支撑作用，统筹陆上、海上、海外经贸发展。

知识链接

福建建设21世纪海上丝绸之路核心区的主要内容可用建设“一个枢纽、六个平台和三个基地”来概括，这十方面内容指“互联互通的重要枢纽，对外开放的先行平台、经贸合作的前沿平台、金融创新的试验平台、政策沟通的对接平台、人文交流的重要平台、两岸深度融合的示范平台，先进制造业的重要基地、东南沿海重要的能源基地、国家重要的海洋开发和科研基地”。

在“一带一路”核心区之外，国内其他地区也有着其独特的定位与优势。

在西北和东北地区，陕西西安将打造内陆型改革开放新高地；甘肃、青海将加快兰州、西宁开发开放；宁夏将推进内陆开放型经济试验区建设；内蒙古将发挥联通俄蒙的区位优势，推进中蒙俄经济走廊建设；黑龙江、吉林、辽宁将完善与俄远东地区陆海联运合作，建设向北开放的重要窗口。

我国的西南边陲与众多国家接壤，重要的地理位置、秀丽的风景、独具特色的民风民俗，使得这里有着巨大的发展潜能。在未来，我国将发挥广西与东盟各国海陆相邻的独特优势，使之成为21世纪海上丝绸之路与丝绸之路经济带有机衔接的重要门户；推进西藏与接壤国家的边境贸易和旅游文化合作；发挥云南的地理区位优势，把云南建设成面向南亚、东南亚的辐射中心。

我国沿海地区有着长三角、珠三角、海峡西岸、环渤海等开放程度高、经济实力强、辐射带动作用大的经济区，我们要发挥它们的优势，加快推进中国（上海）自由贸易试验区建设，支持福建建设21世纪海上丝绸之路核心区。我国将推进浙江海洋经济发展示范区、福建海峡蓝色经济试验区和舟山群岛新区建设，加大海南国际旅游岛开发开放力度；加强沿海城市港口建设，强化上海、广州等国际枢纽机场功能；打造粤港澳大湾区，发挥海外侨胞以及香港、澳门特别行政区独特优势作用，使其积极参与和助力“一带一路”建设；同时将为台湾地区参与“一带一路”建设做出妥善安排。

内陆地区将打造重庆西部开发开放重要支撑和成都、郑州、武汉、长沙、南昌、合肥等内陆开放型经济高地；打造“中欧班列”品牌，建设沟通境内外、连接东中西的运输通道；加强内陆口岸与沿海、沿边口岸通关合作，开展跨境贸易电子商务服务试点；优化海关特殊监管区域布局，创新加工贸易模式，深化与沿线国家的产业合作。

共谱华章

共建“一带一路”是中国提出的倡议，也是中国与沿线国家的共同愿望。“一带一路”的蓝图已经绘就，历史的宏卷已经铺开，让我们并肩前行，共谱丝路的华美篇章！

课后思考

1.“一带一路”中的六大经济走廊分别是什么？各自的建设重点又是什么？

2. 简要概述新疆、福建在“一带一路”建设中分别有哪些优势？

3. 阅读课文，查阅资料，说说你的家乡为对接“一带一路”采取了哪些措施。

第四课　路路相连

归乡之梦

2017 年 6 月，在老挝楠科内河特大桥的施工现场，中铁二局六公司中老铁路磨万二分部的工人们，正听着指挥，有条不紊地进行着大桥承台的浇筑工作。这座全长 7.5 公里的大桥建成后，将成为中老铁路全线最长的铁路桥，也将成为老挝最长的桥。虽头顶炎炎烈日，但大家的干劲似乎比天气还要火热几分。

在河岸边，驾驶员汶米正专注地开着他那辆心爱的 25 吨大吊车。这个 24 岁的老挝小伙子，不久前才加入中老铁路的建设队伍，却已经轻车熟路，还干得挺开心。

汶米的家乡琅勃拉邦，位于老挝北部，是老挝著名的古都和佛教中心，1995 年被联合国教科文组织列为世界文化遗产。那里山清水秀，古迹林立，每年都有无数游客慕名而来。但对汶米这样在外打拼的人们来说，家乡的风景再美，也会因为回家的舟车劳顿而没有心思欣赏。从老挝首都万象出发去琅勃拉邦，直线距离只有 200 多公里，坐长途汽车的话，却需要行驶 500 多公里的路程，左拐右拐 10 个小时左右才能抵达。

“我在琅勃拉邦城里长大，坐车去那里特别麻烦，因为山路多，路况不好。”汶米说道，“我从小就听说过火车这种交通工具，但从来没见过。所以，我一直想看看火车、坐坐火车。没想到这次能够亲自参与老中铁路的建设。”

琅勃拉邦香通寺

作为联通中老两国的重要基础设施、泛亚铁路的重要组成部分，中老铁路是“一带一路”国际合作的重要工程之一。中老铁路北起云南玉溪，经两国边境磨憨—磨丁口岸，南抵万象。中老铁路分为中国段和老挝段。老挝段于2016年12月开工，全长418公里，设计时速160公里，建设期5年，其中有隧道76处（共长约195公里）、桥梁154座（共长约62公里）。中老铁路是第一个以中方为主投资建设、共同运营并与中国铁路网直接连通的境外铁路项目，全线采用中国技术标准、使用中国设备。

知识链接

泛亚铁路是一个统一的、贯通欧亚大陆的货运铁路网络。亚洲18个国家的代表于2006年11月10日在韩国釜山正式签署《亚洲铁路网政府间协定》，筹划了近50年的泛亚铁路网计划最终得以落实。按照协定的规划，不久的将来，4条“钢铁丝绸之路”构成的黄金走廊可以把欧亚两大洲连为一体，纵横交错的干线和支线将编织起一个巨大的经济合作网络。这四条走廊分别是东北亚走廊、东南亚走廊、南部走廊和北部走廊。中国是泛亚铁路网的中心。

以前老挝境内唯一的铁路，是一段3.5公里长的米轨铁路。从万象南部的塔纳廊站出发，老挝人坐15分钟的火车到达泰国的廊开站，再继续旅程。即便如此，仍有很多老挝人至今没有坐过火车。在日新月异的现代化世界里，如果说塔纳廊站充满交通史上的怀旧色彩，那么中老铁路将成为老挝民众追赶现代生活最现实、最直接的途径。

现阶段，中老铁路全线建设已聘用当地工人数千人，同时为沿线民众提供了大量的就业机会。中老铁路的建设已直接拉动老挝当地工程建设、建材供应、电力、农牧业、服务业、物流等产业的发展。未来，中老铁路北接中国，南至泰国、马来西亚等国，将成为中南半岛南北大动脉的重要组成部分，把老挝从“陆锁国”变为“陆联国”，进而促进老挝经济发展和社会进步。

穿山越岭、蜿蜒前行的中老铁路，不止承载着老挝人的归乡之梦，还承载着老挝人的繁荣富足之梦。它是中老两国人民友谊的见证，是打造两国命运共同体的重要一步。

老挝总理通伦为中老铁路开工鸣锣

梦想之桥

孟加拉国，世界上人口密度最大的国家，其人口密度是中国的 9 倍。在不到 15 万平方公里的国土上，生活着 1.63 亿孟加拉人。这里人多、车多、河多，交通却很落后。

帕德玛河是孟加拉国最著名的河流之一。“帕德玛”是恒河流入孟加拉国以后的名字。这条河的河面最宽处甚至可以达到 30 公里。而它又正好从孟加拉国中部穿过，把整个国家一分为二，成为这个国家陆上交通的最大障碍。因为没有桥，过河不是一件容易的事。

知识链接

恒河，南亚的一条主要河流。恒河在下游分为多条支流，其中主要的一条是进入孟加拉国的帕德玛河。帕德玛河与布拉马普特拉河（上游叫雅鲁藏布江）汇合后，注入孟加拉湾。恒河流域是世界人口最稠密的地区。

孟加拉国首都达卡南部的帕德玛河渡口边，排着望不见尾的货车长龙。一般情况下，搭乘汽车渡轮到对岸，加上等待时间，需要七八个小时。但有时候，司机们得排一天一夜的队，因为要过河的大货车太多了。渡口乱糟糟的，到处一片狼藉，很多司机不耐烦地按着喇叭，刺耳的“嘀——嘀——”声此起彼伏，也有很多司机已经见怪不怪了。这还不算太糟糕，要是遇到冬天大雾或者雷暴天气，等上半个月也是有可能的。

搭乘渡船过河不只耗费时间，还很危险。人们经常听到孟加拉国发生沉船事故的新闻，尤其是每年雨季的时候，河水汹涌，摆渡危险性很大。在 2015 年 2 月，就有一艘载有约 150 名游客的渡船在帕德玛河上与一艘货船相撞后沉没，造成 65 人死亡的惨剧。

幸运的是，这样的日子很快就要结束了。

2015 年 12 月 12 日，在离帕德玛河渡口不到一公里的地方，由中铁大桥局承建、中铁大桥院承担施工详图设计和勘测的帕德玛大桥项目主体开工。孟加拉国最大的一座桥就要诞生，这也是中国企业在海外承接的最大单体桥梁工程。

帕德玛大桥主桥长 6.15 公里，为上层双向四车道公路、下层单线铁路的公铁两用大桥。它将把孟加拉国南部的 21 个区和首都达卡连接起来，彻底结束两岸居民千百年来摆渡的历史。帕德玛大桥同时也将把孟加拉国的南北铁路打通，成为泛亚铁路的重要组成部分。

帕德玛大桥施工现场

大桥建成后，不光会解决交通问题，两岸天然气、电力、光纤等线路也会通过大桥连接。这意味着人们的生活水平将提升一大截。西南部的居民可以用上方便清洁的天然气，电力供应会更稳定，与外部的联通变得更简单。据孟加拉国经济界估算，帕德玛大桥建成后将直接带动孟加拉国 GDP 增长 1.5%，西南部 19 个

帕德玛大桥效果图

区的 GDP 将增长 2.5%。

“一桥飞架南北，天堑变通途。”能带来如此多的好处，无怪乎在孟加拉国，人人都知道帕德玛大桥是一座“梦想之桥”。孟加拉国对此项目极为重视，从用电到安全，都给予了最大的支持。国家尽管极为缺电，还是拉来电力专线；政府派出一个旅的军队负责安保；交通部长隔三岔五到现场视察……

作为孟加拉国的“命脉工程”，这样一座桥修起来可不简单。“有人把帕德玛大桥项目称为中孟两国的天作之合，但该项目操作起来困难不少，各项工程指标都得达到世界级标准。”大桥项目部副经理何跃波说，“虽然世界银行撤走了对大桥项目的贷款，但中孟两国实际操作中仍在履行世界银行贷款项目所要求的相关工程标准，比如工程监理是由韩国专家牵头，包括美国、荷兰、法国等多国专家组成的国际团队完成的。他们的要求很高，我们就通过实践来证明这些要求是否可以实现，帕德玛大桥项目几乎成了世界建桥工程的实验室。”

帕德玛大桥并非一个由“外国人”全权负责的项目，从工人到管理者，有 80% 的建设者来自当地。许多当地工人，曾随中国工程队伍参与过多座桥梁建设，他们不仅是中国朋友口中的“老孟”，更是建桥修路行当中的“老手”。一座大桥 4 年左右的建造周期，让这个原本缺少专业技术力量的国家，拥有了自己的工程技术队伍。

帕德玛大桥也是一座“共享桥”。孟加拉国交通网实现南北陆路贯通后，中国经缅甸至孟加拉国的地面运输能力将大大提升，印度与孟加拉国的经贸往来会更加紧密，孟中印缅经济走廊建设将进入实质推动阶段。帕德玛大桥作为“一带一路”重要支点的意义将愈发显著。

路路相连

常言道：“要想富，先修路。”交通基础设施建设是基础设施建设的基础，对于经济落后的地方来说，只有交通得到改善，当地的资源优势才有转化为经济优势的机会。那么“一带一路”沿线国家的交通状况如何呢？

“一带一路”沿线主要国家拥有巨大的交通网络，其中公路 1800 万公里，约占全球公路总里程的 17.6%；铁路总里程约 56.9 万公里，约占全球铁路总里程的 50%；内河航道里程 33.3 万公里，约占全球内河航道总里程的 50%；机场总数 3695 个，约占全球机场总数的 8.8%。

但这庞大的网络中，不尽如人意之处比比皆是。以公路为例，据世界经济论坛建立的公路网基础设施状况指数分析，2012—2013 年度全球公路质量平均指数为 57.1。而在“一带一路”亚洲区域内，只有中国高于这一指数，巴基斯坦持平，其余各国均低于这一指数，俄罗斯、哈萨克斯坦、吉尔吉斯斯坦、孟加拉国、缅甸等国都低于平均数 10~20 个点数。在中亚和南亚地区，不只公路里程不足，高等级公路的比重也都不到 50%，在乌兹别克斯坦、土库曼斯坦，至今尚无高速公路。除道路质量较差造成通行能力低下之外，关键交通路段的缺失也使得各国间的空间距离被不断放大。交通基础设施的不足，使得各国地区间的通行成本居高不下，严重制约了各国国内经济的发展，也影响了国家与国家之间的贸易往来。

在现代的科技条件下，逢山开路、遇河架桥早已司空见惯。历史经验表明，任何国家基础设施的发展完善主要依靠的是自身力量，但对许多发展中国家而言，面对庞大的工程量和难以预估的工程难度，不是缺少资金，就是缺乏技术，因而国际合作成为走出困境的极大助力。

随着“一带一路”倡议的提出，中国与沿线各国都在加快交通基础设施的互

中国印尼企业正式签署成立雅万高铁合资公司协议

联互通。目前，一批国际合作交通项目已经完工或正在加紧建设：塞尔维亚泽蒙—博尔察大桥、孟加拉国中孟友谊七桥、文莱大摩拉岛大桥、坦桑尼亚基甘博尼大桥等桥梁项目已竣工，中老泰公路、中越公路、中缅公路以及中印公路国内段大部分已建成高速公路，双西公路（欧洲西部—中国西部高速公路）国内段全线贯通，巴基斯坦喀喇昆仑公路二期、卡拉奇高速公路已开工建设，肯尼亚蒙内铁路已建成通车，印尼雅万高铁进入全面实施阶段，中吉乌铁路“安格连—帕普”铁路隧道项目竣工通车，莫斯科至喀山高铁、中老铁路、中缅铁路、中泰铁路等项目有序推进……

相信在不远的将来，“一带一路”沿线的每条道路，都将连在一起，都将畅通无阻。

知识链接

互联互通是贯穿“一带一路”的血脉。基础设施互联互通是“一带一路”建设的优先领域，肩负着改善“一带一路”沿线地区发展所需硬件条件的重大使命。设施联通的关节点在于“一带一路”沿线地区基础设施的建设与完善。“一带一路”倡议提出4年多来，中国与“一带一路”沿线国家在交通、能源、通信等领域的基础设施建设方面开展了大量合作，有效提升了这些国家的基础设施建设水平，成果超出预期。

课后思考

1. 文中说中老铁路"不止承载着老挝人的归乡之梦，还承载着老挝人的繁荣富足之梦"，你对此有何看法？

2. 为什么孟加拉国人把帕德玛大桥称为"梦想之桥"？

3. 自"一带一路"倡议提出以来，中国与"一带一路"沿线国家合作修了多条铁路和公路。请查找相关资料，尝试制作一个表格，统计一下近五年中国与"一带一路"沿线国家合作修筑的路。

第五课　能源动脉

是什么让车辆可以在路上奔驰，飞机可以在空中翱翔？是什么令寒冷的冬日北方，屋子里面比南方还要温暖？是什么使巨大的工厂、复杂的机器可以高速、不停地运转？这些问题有一个统一的答案：能源。

作为我们享受现代舒适生活的基石，能源是任何国家不可缺少之物。然而，地球被国界线分割成一个个国家，蕴藏在地下的能源宝藏却没有像划分地盘那样被重新组合分割，依然静静躺在原处。在“一带一路”沿线，中东九国集中了石油储量的 82%，中俄两国占据了煤炭储量的 60%，中亚、中东和俄罗斯共储藏了天然气的 91%。中国和印度两国的人口加起来占到“一带一路”区域总人口的 58.7%，但是两国除了煤炭还算多外，石油和天然气跟庞大的需求量相比，都少得可怜。

能源基础设施互联互通合作是“一带一路”建设的重要内容。一座座油气田如同心脏，一条条油气管道如同动脉，组成了“一带一路”上庞大的能源系统，为各国的生活和建设提供动力。

湿地油田

位于伊朗西南部与伊拉克交界处的胡齐斯坦省，是伊朗石油资源最丰富的地区。从省会阿瓦兹一路向西，周围的风景渐渐从茫茫的荒漠戈壁，变成怡人的绿洲湿地。中国石油天然气集团公司（以下简称中石油）北阿扎德甘项目，就在这片美丽的湿地里。

湿地中的北阿扎德甘项目井场

清晨，天边厚厚的云层遮住了朝阳。阳光把云雾染成朝霞，又透过朝霞间的缝隙照亮了整片湿地。伴着清脆的鸟鸣声，李南清在这样的美景当中开始了一天的巡视工作。在用笔记下一口井的油压后，李南清拿出他的大水瓶，喝下一口去热解渴的凉水。伊朗的夏季，闷热潮湿，最高气温能达到 56 摄氏度，对来自中国吉林省的李南清来说，这不是一种容易适应的气候。上午的巡视工作要持续 3 个多小时，李南清至少要喝掉两升水，因此他的水壶的容量也高达两升。

在北阿扎德甘油田，安全第一体现在每一个细节中。每口油井的油压在中央处理中心都能监控到，但为了确保万无一失，油田还是会安排专人巡视所有井场，并记下每个井场内的相关数据。这里曾是两伊战争的主战场，湿地里还有大量地雷和未爆炸物，给建设施工带来很多困难，稍有不慎，甚至会有生命危险。在施工前，要进行排雷工作，但在施工时，仍会发现炸弹。由于管理严格，应对措施及时，历时六年多的北阿扎德甘项目建设，没有出现过一起伤亡安全事故。

湿地里残留的航空炸弹和旁边的警示物

茂盛的水草倒映在碧波之上，盛开的芦花在晨风中摇曳，成群的鸟儿在天空中飞翔，这一片水乡泽国是中东地区最大的湿地。而在湿地里开发油田，对环境保护应格外重视。

在建设过程中，施工方秉承“环境友好”的理念，采取了一系列措施，以维护这一伊朗国家级湿地自然保护区的环境。其中，在油田内建成的 157 个精致涵

复杂的原油处理装置

洞就是一项创举。油田内的一条大通道正好将整个湿地的水流拦腰截断，中伊两国专家经过多次研究讨论，共同确定了涵洞的技术要求和位置，确保了涵洞的质量和环保要求。涵洞修好后，不仅沟通了道路两旁的水系，也成为水生动物往来的重要通道。在油田建成后，湿地的环境不但没有遭到破坏，还得到了一定程度的优化。

安全和环保，是北阿扎德甘项目最重要的两项大事。中方工作人员的严谨和负责，赢得了伊方的尊重和肯定。2016 年，北阿扎德甘项目先后获得伊朗政府颁发的环保奖和安全生产奖，其中环保奖是近年来伊朗政府给对外合作项目授予的唯一一个，这让每一个在伊朗工作的中国石油人都备感自豪和欣慰。

伊朗是世界重要的油气资源国，据《BP 世界能源统计年鉴 2016》，截至 2015 年年底，伊朗石油剩余探明可采储量为 217 亿吨，居世界第 4 位。伊朗为世界重要的石油生产国，2008 年石油产量居世界第 4 位。2012 年，由于欧美对伊朗石油的禁运，伊朗石油产量大幅下降。目前，伊朗的石油主要出口到亚太地区的中国、韩国和日本，这占伊朗出口量的 89%，其次为欧洲。

北阿扎德甘油田，处于“一带一路”核心地带，是中国和伊朗合作开发的重要能源项目。阿扎德甘油田于 1999 年被发现，是近 30 年来世界探明的最大油田，也是伊朗目前最大的油田，原油储量约 420 亿桶。北阿扎德甘项目建设，对推动西方制裁下的伊朗当地经济发展及和谐稳定起到重要作用。2016 年 4 月，北阿扎德甘油田项目正式启动原油外输，年生产原油 400 万吨。2016 年 11 月，来自北阿扎德甘油田的中石油首船 203 万桶伊朗权益油，在大海上奔波了 22 天后，抵达中国大连港。

知识链接

权益油，指企业积极参与海外资源国的油气开发，通过投资参与海外油田建设等方式，根据油田所占股份权益分成获取的原油，又称“份额油”。

在核能没有普及之前，世界上主要机械的动力依然来源于原油。至今人类还没有发明出一款核能战斗机，也没有一辆坦克是靠太阳能提供主要动力的。在现代制造业和交通等民用领域，人类在不断地降低对原油的直接依赖，但在军事领域，原油依然不可替代。中国已成为全球第一大石油进口国，在石油领域中国的对外依存度超过 60%。北阿扎德甘项目的成功，成为中国石油企业“走出去”的又一张亮丽名片，为国内石油供应的稳定发挥了重要作用。

河畔气藏

在土库曼斯坦，有一个奇异的大坑。数公里外，就能看见坑上摇曳的火光。站在坑边向里望去，熊熊燃烧的火焰布满了整个大坑，大股小股的火焰不时喷发一下，如同书中描绘的地狱之景，无怪乎人们把这个大坑叫作“地狱之门”。

“地狱之门”通向的自然不是地狱，而是土库曼斯坦的天然气宝藏。1971 年，

土库曼斯坦“地狱之门”

人们在这里发现了天然气，开采时却发生了意外，地下钻机倒塌形成了大坑。由于担心坑中可能会释放有毒气体，地质学家们便点燃了坑内的天然气。这把火一烧，就是 40 多年。

“地狱之门”里那似乎永不会熄灭的火焰，反映的是土库曼斯坦极为丰富的天然气资源。2017 年，土库曼斯坦天然气总储量估计为 50.4 万亿立方米，已探明储量占到全球探明天然气总储量的 10%。如此巨量的天然气，集中在仅占地球陆地总面积 0.33% 的土地里，无怪乎天然气成为土库曼斯坦国民经济的支柱产业。在土库曼斯坦的主要出口商品中，天然气收入占到商品出口总额的 60%；其国内财政收入的 1/3 几乎都依靠天然气。土库曼斯坦公民自建的房屋，只要每月使用的天然气不超过 50 立方米，就不用花钱；而超过限额的天然气，其价格也不到中国的 1/10。

为天然气找出路，是土库曼斯坦的一件大事。天然气是一种优质高效、绿色清洁的低碳能源，而中国作为世界第二大经济体，对清洁能源的需求尤为巨大，中土两国的天然气合作可谓水到渠成，阿姆河项目便是其中的典范。

知识链接

传统意义上，清洁能源是指开发利用过程中不产生或很少产生污染物的能源，如风能、水能、太阳能、生物质能、地热能、潮汐能等可再生能源。广义的清洁能源则包括在能源的生产、消费过程中，选用对生态环境低污染或无污染的矿产资源，如天然气、清洁煤和核能等。

阿姆河，是当年张骞出使西域途经之地。张骞不会想到，这条美丽的大河河畔地底下，竟蕴藏着惊人的能源宝藏；更不会想到，在两千多年后，这里的宝藏会在一根根管道里，被运送到万里之遥的中国东部。阿姆河气田因位于阿姆河右岸而得名，由中石油和土库曼斯坦合作开发，是迄今为止中石油最大规模的境外陆上天然气勘探开发合作项目。2007 年 7 月 17 日，中石油与土库曼斯坦国家油气资源管理和利用署、土库曼国家天然气康采恩签署该项目合同。同年 8 月，中国石油阿姆河天然气公司成立，负责天然气勘探、开采、建设、生产运行和销售等，阿姆河右岸项目正式启动。

阿姆河气田钻井现场

阿姆河项目所在区域，曾经是个被石油界公认的“揪心”之地。高温、高压、高含硫的“三高”条件，复杂的地质情况，恶劣的地表和气候环境，给前期勘探直至后期开发带来极大困难。十几年来，不少国家曾觊觎这块“风水宝地”，最终却不得不铩羽而归。但中石油凭借技术利器，在区域的中部，原本被其他国家认为只有零散气块的地方，寻找到了两个千亿立方米气区，建成了 100 亿立方米产能。东西两翼部，在苏联未发现气藏的地方，中石油实现了勘探突破。东部发现 10 个大中型潜力气藏，储量规模在 2000 亿立方米以上；西部发现 7 个含气构造，储量规模也近千亿立方米。

目前阿姆河项目已形成了 6 个千亿立方米大气区，年产气能力达到 170 亿立方米。截至 2017 年 8 月，阿姆河项目已累计向中国供气 617 亿立方米。2017 年中国全年天然气消费量为 2373 亿立方米，这一个项目给中国提供的天然气就足够我们用三个多月了。

绿色低碳发展已成为“一带一路”国家的共识。从能量角度来说，阿姆河项目向中国输送 617 亿立方米天然气，相当于国内少烧 0.8 亿吨标准煤。这意味着可以少排放二氧化碳近 1 亿吨，二氧化硫约 190 万吨，粉尘近 110 万吨。往年每当入冬，整个华北平原都被浓浓的雾霾笼罩，燃煤供暖便是元凶之一。2017 年年底华北的“煤改气”工程，终于让华北平原的居民能够欣赏到冬日的蓝天。北京2017年12月空气质量进入全国十佳，优良天数达26天，是上年同期的两倍。在碳排放方面，根据国际能源署的数据，2014年中国因使用能源而产生的碳排量减少了1.3亿吨，这是经济高速增长的中国15年来碳排量首次减少。

中国是土库曼斯坦天然气最大的出口地，土库曼斯坦也是中国天然气最大的进口源，中土两国的天然气合作已经超过了10年。中石油在阿姆河成功开发后，一批中国的工程建设、技术服务等石油相关企业也进入土库曼斯坦市场。得益于阿姆河右岸项目的成果，这些企业开始参与到其他大型油气项目的建设中。

不仅如此，阿姆河项目也为土库曼斯坦创造了20 000多个就业岗位，更为土方培训了30 000多名员工。在两国合作中，许多土方员工受到专门培训，并被派往中国学习，一些土方员工还自学了汉语。目前，阿姆河气田已经实现了生产操作本土化，许多重要岗位上都有着土库曼斯坦员工的身影。在此影响下，到中资企业就业、到中国留学成为土库曼斯坦青年的新目标。10年前，土库曼斯坦每年只有四五十人来中国留学；到2016年，在中国各高校研读的土库曼斯坦留学生已经超过2000人。2016年开始，土库曼斯坦已在初中、高中广泛开设汉语课程。

能源动脉

2017年3月29日上午，在距离哈萨克斯坦边境线2.2公里的阿拉山口，数十名中哈双方工作人员聚集在计量站里，紧张又期待地看着屏幕里不断上升的数字。11时58分，历史时刻出现，屏幕上跳出“100000000吨”字样，全场欢呼沸腾。

1亿吨，这是我国第一条陆路进口的跨国原油管道——中哈原油管道向中国累计的输油量。中哈原油管道是中石油在中亚地区投资建设的第一条管线，西起哈萨克斯坦阿特劳，途经肯基亚克、库姆科尔和阿塔苏，东至阿拉山口—独山子输油管道首站，全线总长2800多公里，被誉为“丝绸之路第一管道”。

草原上的原油管道

在阿拉山口西南边不远处，是中

亚的天然气进入中国的地方。起于阿姆河右岸的中国—中亚天然气管道，从土库曼斯坦和乌兹别克斯坦边境出发，经乌兹别克斯坦中部和哈萨克斯坦南部，从霍尔果斯进入中国，与“西气东输”二线和三线相连。管道干线全长超过一万公里，是世界上最长的天然气管道。

2017 年 11 月 29 日，中亚天然气管道累计向国内输送天然气突破 2000 亿立方米。土、乌、哈三国的天然气进入我国后，与新疆的天然气汇合，再从银川分输到全国各地，包括中西部、京津冀、长三角、珠三角地区的 27 个省区市，最远送达中国香港，惠及沿线 5 亿多民众。2017 年，中亚天然气管道向国内年输气量达 387 亿立方米，占全国同期消费总量的 16% 以上。

知识链接

西气东输，是中国天然气发展战略的重要组成部分，是西部大开发的标志性工程。它以新疆塔里木气田为主气源，以我国中东部地区为目标消费市场，以干线管道、重要支线和储气库为主体，连接沿线用户，形成横贯中国西东的天然气供气系统。西气东输二线、三线连通中亚天然气管道，进一步增强了我国的天然气供应保障能力。经过多年建设，国内各省区市的天然气管道已连成管网。

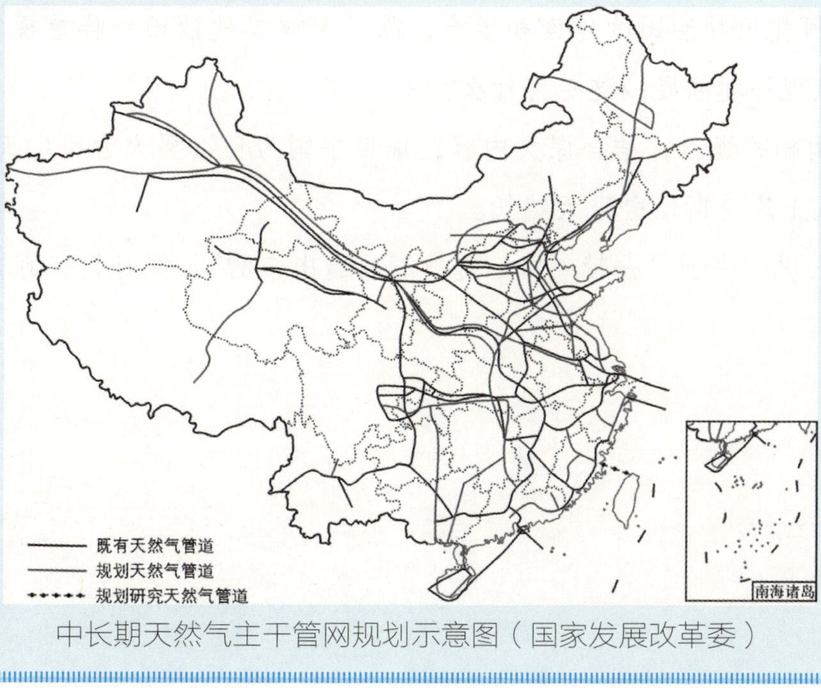

中长期天然气主干管网规划示意图（国家发展改革委）

中亚油气管道是中国第一条战略能源通道。此外，东北有中俄原油管道和建设中的中俄天然气管道，输入俄罗斯的石油和天然气；西南有中缅油气管道，其原油主要来自中东和非洲地区，天然气则产自缅甸；还有海上能源通道，主要是通过海上运输将非洲、中东、澳大利亚的能源送至我国东部沿海一带。这四大能源通道和国内的油气管道一起，形成了我国的油气管网格局，保障着我国的能源安全。

不止在中国，“一带一路”沿线建设了通向各个方向的油气管道，石油和天然气每时每刻都在里面不停歇地奔跑。从中亚、俄罗斯出发，穿越里海、黑海，奔往中东欧；从中东出发，奔往南欧、南亚……目前，亚、欧、非三大洲的油气管道总长度已超过百万公里，而每年仍在新建的管道也长达近十万公里，每年的管道投资额达千亿美元。

通过一座座加压站，石油和天然气奔向八方，成就了一条条气势恢宏的能源动脉，推动着丝绸之路的再度繁荣。

课后思考

1. 北阿扎德甘油田的建设和生产，除了要像其他油田一样重视安全问题外，还要特别重视环境问题，这是为什么？

2. 查阅相关资料，结合课文内容，说说中国为什么要大力推广天然气，以及为什么要从土库曼斯坦引进天然气。

3. 有人说“中国‘一带一路’是被石油逼出来的”，你对此有何看法？

第六课　万家灯火

近年来，人们对全球气候变暖和能源危机的关注与日俱增。作为应对，一场能源变革悄然而至，发展清洁能源成为全球共识。而转化为电能，是能源最有效、最安全的利用方式。

电能不但使用方便，还可以通过大电网实现优化配置、高效传输。以中国在建的昌吉—古泉特高压直流输电工程为例，该工程从偏远的西北地区到人口稠密的中部、东部地区，跨越 3304.7 公里，采用 ±1100kV 特高压直流的方式，能够输送 1200 万千瓦的电能，这相当于 12 座大型火力发电厂的发电总量。这项工程，既对新疆经济发展起促进作用，又对华东地区满足经济发展的需要、保障能源安全提供极大助力，还对大气污染防治有重要意义，可谓一举多得。

稳定的供电系统，是一座城市乃至一个国家正常运转的基础。在“一带一路”沿线，人们对清洁、稳定、高效的电能，自然有着普遍的需求。但在沿线许多国家中，电力短缺仍是一件亟待解决的大事。

黄土高原上建设中的特高压输电工程塔基、线路

缺电之痛

巴基斯坦是南亚的人口大国，其人口密度接近中国的两倍。但巴基斯坦能源有限，长期面对能源短缺问题，而电力短缺尤为严重，一直是该国之痛。

在巴基斯坦，拉闸限电是家常便饭。在首都伊斯兰堡，每天都要停电 6 小时以上；在许多大城市，每天的停电时间都超过 10 小时；而在一些偏远的乡村，停电时间甚至长达 22 小时。每当炎炎夏日，由于天气炎热与长时间停电，夜里睡在室外的居民不计其数；政府大楼办公室的所有空调被关闭，公务员们只能通过打赤脚防暑；就连用得起价格高昂的备用发电机的富人都在抱怨，而且超负荷运转的机器随时可能爆炸。

工业生产和商业活动也不可避免地受到电力短缺的限制。纺织业一直是巴基斯坦的支柱产业，但自 2011 年以来，由于供电不足，巴基斯坦的纺织业产能下滑了 40%。每天长达 12~20 小时的停电，不断上涨的供电价格，使得工人们只能坐在黑暗中，望着机器叹气，许多纺织工厂被迫停工甚至关闭。在巴基斯坦重要的工商业城市拉瓦尔品第，白天的大街上有着熙熙攘攘的行人和车辆，但在 40℃的高温下，居然没有一家商店开空调或电风扇。到了夜里，本来灯火通明的街区会突然黑掉一半，店主们只能用应急电源来维持照明。据统计，电力缺口致使巴基斯坦年均 GDP 损失高达 135 亿美元。

缺电影响的不仅仅是生活、生产，还可能是生命。2015 年 6 月，热浪侵袭了巴基斯坦南部，造成近 200 人中暑死亡。在情况最为严重的卡拉奇市，气温最高达 45℃。政府召集军方在市内成立中暑治疗中心，大批医护人员取消休假候命。在医院里，

拉瓦尔品第繁忙的街头

间歇性停电更是极大威胁，医生和患者永远在和死神赛跑。

巴基斯坦缺电并不是个例。在孟加拉国，每月停电次数达 65 次，16% 的用电靠自备发电机；在老挝，还有上百万无电人口；在埃塞俄比亚，有的人每隔 3 天就要走上 3 个小时到镇上去为手机充电……据统计，当前全球还有 12 亿无电人口，缺少电力成为非洲、南亚和东南亚地区贫困的重要原因。中国以外的“一带一路”沿线地区人均装机量不到 0.3 千瓦，人均用电量仅每年 1600 千瓦时，比全球平均水平的一半还低。面对迫切的需求，电站和电网的建设自然成为“一带一路”建设的重要内容。

希望之光

在伊斯兰堡东边 55 公里处，吉拉姆河绕山而行，形成了一个巨大的天然“几”字湾。河湾两岸，一辆辆挖掘机、一台台吊车正有条不紊地挖着山石、运着设备。被河道所夹的山体里，数个导流洞正在一米一米地开凿……这是巴基斯坦卡洛特水电站的施工现场。

卡洛特水电站是“一带一路”首个水电大型投资建设项目，也是“中巴经济走廊”首个水电投资项目，由中国长江三峡集团投资，长江委设计院设计，中国电建水电七局承建。从大坝选址、过程论证、项目审查，到设计优化、预算、评估等方面，三峡集团对巴基斯坦所有的水电开发项目进行全方位的审核把关，并对巴基斯坦境内的印度河、吉勒姆河两大流域的水电开发进行战略思考，提出长

吉拉姆河“几”字湾

远开发方案。

在一般印象里，建设水电站似乎只需要建一座大坝，再装上发电机，接好输电线，等蓄好了水，让水冲刷发电机叶片，就可以发电了。但实际上，除了坝体的建设以及发电、输电相关的设施建设外，环境影响评价、征地搬迁等都是水电项目前期的重要工作。在传统文化氛围浓厚的巴基斯坦，征地搬迁便是卡洛特水电项目前期遇到的一个难点。

当年建设三峡工程，百万三峡移民书写了一部雄浑的史诗。今天，卡洛特村村民也面临相似的境遇，他们整个村子都要搬迁到新的安置地。同许多中国人一样，安土重迁是巴基斯坦乡村居民的普遍想法。为了说服村民搬迁，除了对房屋、土地、树木等给予充足的补偿款，做好新家的安置工作外，中方还请来社会专家，和移民官员一起，去村里走访每一户，进行宣传、劝说。幸运的是，大多数人都给予了理解和支持。

不仅是故土难离，搬迁工作还会涉及民族习俗、宗教文化等，这些尤其要谨慎处理。项目建设不可避免地会影响到一些逝去长者的墓地，这些墓地的搬迁成了一个难题。中方在了解当地的情况后，提议将这些长者的墓地搬到当地颇受尊敬的名人的墓地附近。这一方案得到了村民的普遍认可，搬迁工作得以顺利开展。根据当地宗教教义，去世的人入土为安后，不能够再见阳光，因此，墓地的搬迁选择在夜里进行。整个搬迁过程中，也有相关的宗教仪式。

搬迁的村民在建的新房

此外，项目前期，还涉及一块政府森林保护用地，最早是从英国殖民地转来，并且当初的法律至今通用：森林保护地不允许用作任何建筑所需地。因此要建水电站，就必须要修改这一法律规定。这个修改过程花去了很多时间和精力，主要包括与巴基斯坦旁遮普省政府官员、法律部、森林部的沟通和解释工作。这是从来没有遇到过的情况，中巴双方都阐述了需求与顾虑，好在最后得到圆满解决。

经过数月的前期工作，2016 年 1 月，卡洛特水电站主体工程全面开工建设，预计在 5 年内完工。建成后，卡洛特水电站将为巴基斯坦每年提供 31.74 亿千瓦时的清洁能源，可以满足 210 万个家庭的用电。在运营 30 年后，卡洛特水电站将无偿转让给巴基斯坦政府。

卡洛特水电站施工现场

卡洛特水电站的建设，点亮了巴基斯坦电力的希望之光。该项目动工之后，三峡集团在巴基斯坦又陆续投资开建了科哈拉、玛尔两座水电站。除了水电站，一座座燃煤电站、风力电站、光伏电站等也正在巴基斯坦拔地而起。这些电站的建设，不仅将满足上千万巴基斯坦居民的用电需求，还为当地提供了成千上万个工作岗位，培养了数以百计的工程师和管理人员，带动了材料供应、设备运输等行业发展壮大，为当地经济社会发展注入了活力。

在“一带一路”沿线，中国电力企业取得了亮眼的成果。据中国机电产品进出口商会统计，“一带一路”倡议提出的四年间，中国企业在“一带一路”市场累计签署电力项目合同金额约 937.6 亿美元，签约电力项目发电总装机达到 7700.9 万千瓦，项目涵盖火电、水电、核电、太阳能发电、风电、输变电、生物质发电等行业，在为这些国家解决缺电难题的同时，有力地带动了我国相关装备、技术、标准、资本“走出去”。

万家灯火

建电站发电，不是一朝一夕之功，哪怕是最快的火电站，也要两三年的建设周期，而水电、核电等电站，更是动辄 10 年。有没有别的方法，解决缺电的难题呢？

中越边境，运检人员穿着防蜂服登上输电塔清除蜂巢

建设跨国电力通道便是一个行之有效的办法。2004 年 9 月，云南第一条 110 千伏对越南送电的线路投入运营，拉开了中国南方电网向东南亚国家输电的大

幕。除越南外，南方电网还向老挝、缅甸输送电力。截至2017年年底，南方电网与越、老、缅三国间的电力贸易累计达516.5亿度。

跨国送电解决了许多东南亚国家的燃眉之急，但随着各国发展水平的提高，对电力供应水平也提出了更高的要求。蜿蜒的湄公河，发源于我国青藏高原的唐古拉山，流经缅甸、老挝、柬埔寨、泰国，在越南流入大海。这条大河蕴藏着巨大的能量，对这些能量的开发却少得可怜。流域各国电力发展不均衡，电网输送能力十分弱小。

在老挝，虽然十多年前其政府就在向中国云南买电，但受限于各区域电网无法连通和电力系统老旧，停电、断电、限电、电压不稳等情况仍在各地不断上演。于是老挝与中国电力的合作重点转向输电网络的建设。2015年9月，230千伏老挝北部电网工程EPC项目第一阶段3个变电站成功并网运行。整个工程采用中国的先进电网技术，不仅强化了老挝电力公司的电力系统，增强了电网的稳定性，而且在电网建成后，还第一次把老挝不均衡的南北的电力资源连接沟通，统一调配使用。

以“一带一路”国家为重点，推广应用特高压技术，加快电网基础设施的互联互通，推进全球能源互联网建设，对于保障我国能源安全可靠供应，带动装备产业“走出去”，实现与周边国家合作共赢、和平发展都具有重大意义。“一带一路”电力互联将形成东北亚、东南亚、中亚、南亚、西亚和中国六大电网构成的“5+1”互联格局，东与北美洲联网，南接大洋洲电网，西接欧洲、非洲电网。

湄公河流域有着美丽的风光，丰富的资源，生活着3.2亿居民，但流域内各国经济发展、基础设施建设、资金和技术都极不平衡。区域电网互联互通，将推动区域各国深化电力合作，呼之欲出的是打造统一的电力交易平台，进而形成区域电力市场的交易机制、协调机制、价格机制以及风险防范机制，使区域内各国的电力资源在更广大的市场中进行合理配置，互通有无，有效缓解各国电力市场发展的不平衡。

2018年3月14日，由国家能源局牵头，电力规划设计总院具体承担并编制完成的《老挝电力规划研究》顺利通过老挝能矿部验收，这是中国政府首次协助“一带一路”国家编制国家级电力规划，并获得老挝政府高度评价。2018年5月

10日，南方电网宣布，通过12回110千伏及以上线路，南方电网与越南、老挝、缅甸电网实现互联互通。湄公河畔的万家灯火，终将被一一点亮。

课后思考

1. 结合课文内容，联系生活实际，说说缺电会造成哪些影响。

2. 卡洛特水电站在正式动工之前，遇到了哪些难题？

3. 你觉得湄公河流域各国实现电力互联互通会带来哪些好处？

第七课　信息丝路

跨境光缆

如果你走进缅甸的手机卖场，一定会备感亲切，华为、OPPO、vivo 等中国品牌手机的柜台占据着卖场最显眼的位置。这些手机中，虽然以“千元机”为主流，但也不乏“高端”机型，并且不比中国国内落后，价格也相差无几。缅甸的通信市场发展迅速，在 2012 年，缅甸一张手机 SIM 卡的价格为 1500 美元，没几个人用得起，而到了 2016 年，SIM 卡的价格已经降到 1.5 美元，几乎人人都用得起了；通信网络也由 2G、3G 变成了 4G；用户量更是在 2018 年突破 5000 万，要知道，缅甸整个国家也就大约 5300 万人。

商场门口玩手机的缅甸年轻人

曼德勒街道旁的微波信号塔

通信市场飞速发展的背后，是基础网络的大力建设。在缅甸第二大城市曼德勒，中国公司投资的缅甸光纤通信网络有限公司（以下简称缅光纤）建设了 180 千米的城域网。外环、内环和贯通其间的、埋藏在人行道下的光纤网络，为这座城市的信息化发展铺就了一张高速公路网，串联起这座城市的发展未来。缅光纤于 2012 年 5 月成立，是获得缅甸通信部颁发的网络设施服务（类）牌照的首家外资公司，它在缅甸所有省邦建设了超过 1.5 万千米主干网络和超过 1500 千米的城区及城际管道网络，加速了缅甸通信行业 5 至 10 年的发展步伐。2016 年 1 月，缅甸通信部向缅光纤发来感谢信，嘉奖其投资缅甸全国通信基础设施、发

人行道下的通信光缆

展缅甸通信的行为。

相似的剧情也在柬埔寨等国家上演。中国公司投资的柬埔寨光纤公司在柬埔寨铺设了 1.8 万千米的骨干光纤网络和 1000 千米的城域网，覆盖柬埔寨 25 个省市，为柬埔寨 17 家电信、电视、互联网运营商提供服务，占据当地光纤网络市场约 80% 的份额，光纤接入网覆盖数达到 30 万户。在基础网络设施建设的支持下，2017 年，柬埔寨 4G 网络在全国范围覆盖率达到 60%，全国手机用户增至 1900 万户（柬埔寨总人口 1500 多万），手机通话资费从 1 美元 / 分钟降至 0.04 美元 / 分钟。

隐藏在大街小巷地下的光纤网络承载着国内的数据交流，而国与国之间的数据交流则由跨境光缆承载。在柬埔寨西哈努克市的海岸附近，有一座海底光缆登陆站，里面是海缆终端设备。在海岸边，有一个埋在地底下的四四方方的大水泥盒子，叫海陆接头人井。海缆在那里登陆后，会顺着一条小路，来到海底光缆登陆站，再通向柬埔寨国内千家万户。这条海缆是亚非欧 1 号海缆，由中国联通发起建设，全长 25 000 千米，采用最先进的 100Gb/s 波分技术，设计容量达到 40Tb/s，是近 10 年来世界上覆盖国家最多、传输距离最长、投资方最多的大型洲际电信传输系统。该海缆东起中国香港，向西穿越东南亚、南亚、中东和非洲，最后通达欧洲，沿途在越南、柬埔寨、泰国、缅甸等 19 个国家和地区设有登陆点，并在中国香港、新加坡和法国设有 POP 点，进而与全球网络实现互联。

亚非欧 1 号海缆柬埔寨段长度大约为 350 千米到 400 千米，由柬埔寨光纤公司参与投资建设。陆地上的光缆，主要由人来铺设，或者用一些比较常见的机器，比如挖掘机来铺设。但是铺设海底光缆的技术复杂程度要高得多，尤其是在近海，水深一般不超过 100 米，有很多渔船出没，光缆的海底埋深需达到 3 米，所以要用大型的海缆施工船进行施工。施工时，在船的后面拖一个重十几吨的大犁，大犁后面拖着光缆，犁头依靠自重下沉并深入到海底 3 米，像犁地一样，在海底挖出一道沟，光缆便在沟里一路延伸到海对面。

亚非欧 1 号海缆是"一带一路"上中柬两国产能与投资合作的重大项目，也是柬埔寨历史上第一条海缆。2017 年 11 月，亚非欧 1 号海缆竣工投产，柬埔寨通过这条洲际海缆直接与亚非欧三大洲实现互联，将有力促进互联网和宽带的快速普及，带动数字经济发展，加速实现经济腾飞。

通信卫星

2017 年 12 月 11 日零点，在群山环抱的西昌卫星发射中心发射场，夜霭笼罩下，长征三号乙运载火箭散发着白色的光晕，整装待发。箭体上，"中国航天"四个大字格外醒目。整流罩外，那一面旗子却不是熟悉的五星红旗，而是一面一半绿、一半白、中央镶嵌着月牙和五角星的旗子，那是阿尔及利亚国旗。

这次任务是中国为阿尔及利亚发射该国的第一颗通信卫星——阿尔及利亚一号通信卫星。卫星将主要用于阿尔及利亚的广播电视、应急通信、远程教育、电子政务、企业通信、宽带接入和星基导航增强服务等领域。

零点 20 分，发射塔架的回转平台完全打开，灯光聚焦下的星箭组合体耀眼

呈现。零点 39 分，发射场上空响起了 01 指挥员黄旭江铿锵的口令——“1 分钟准备！”发射进入最后倒计时，气氛陡然紧张起来，人们屏住了呼吸，却不自觉地心跳加速。1 分钟后，橘红色的火焰从火箭尾部喷薄而出，伴随着空气撕裂的声音，搭载着阿尔及利亚一号通信卫星的火箭徐徐升起，并在人们的注视下划出一道绚丽的轨迹，逐渐变成一个红色小亮点，消失在夜空。火箭飞行约 26 分钟后，星箭分离成功，卫星进入预定轨道。随后，卫星展开太阳能帆板，进入正常工作状态。

“阿尔及利亚一号通信卫星发射任务取得圆满成功！”随着西昌卫星发射中心主任张学宇的宣布，现场响起了热烈的掌声。阿尔及利亚科研人员纷纷与中方科研人员握手致谢：“非常感谢中国朋友，中阿友谊能够跨越万里大洋，同样能够跨越浩瀚太空！”

阿尔及利亚是非洲国土面积最大的国家，其中 85% 都是沙漠。为改善落后的电视广播及通信状态，阿尔及利亚一直都想发射一颗属于自己的通信卫星。经历了许多波折后，中国的加入帮助他们实现了“卫星梦”。

通信卫星是我国较早走出国门、服务“一带一路”及周边国家和地区的高科技产品。早在 2007 年 5 月，航天科技集团研制的尼日利亚一号通信卫星就成功发射，实现了中国整星出口“零”的突破，也帮助这个非洲人口最多的国家实现了太空梦想。

除了在轨交付卫星，中国秉持互利共赢理念，还为其他国家提供发射服务，帮助建设地面站、培训卫星人才等一站式系统服务。“一带一路”倡议提出后，越来越多的国家开始谋求与我国在航天领域开展深度交流合作。在阿尔及利亚一号卫星之前，2015 年 11 月，“老挝一号”通信卫星发射升空，我国第一次在东盟地区实现“整星出口”；2016 年 1 月，白俄罗斯通信卫星发射成功，中国卫星首次进入欧洲，实现了对“一带一路”另一端——欧洲经济圈的区域覆盖……

信息丝路

从 20 世纪 50 年代计算机发明开始，人类社会迈入了信息化时代。从用纸记录信息和知识，通过书本传递知识，到电视、电话的普及，再到互联网的兴起，信息的传播速度越来越快，信息量也日益增大，甚至导致“信息爆炸”。在 21 世纪的大数据时代，信息成为核心资源，是关键的生产要素。对信息数据资源掌握的多寡，将决定国家竞争力的强弱，也决定着国家间合作共赢的现实效果。

然而，在“一带一路”沿线，许多国家的信息化程度都比较低。网络准备指数是世界经济论坛用来衡量一个国家和地区融入网络世界所做的准备程度的指标，也包含了加入未来网络世界的潜力。根据 2015 年发布的数据，在 144 个排名的国家中，东南亚的缅甸名列第 139 位，柬埔寨是第 110 位，老挝是第 97 位；南亚的尼泊尔名列第 118 位，巴基斯坦是第 112 位，孟加拉国是第 109 位；中亚的塔吉克斯坦名列第 117 位，吉尔吉斯斯坦是第 98 位，而土库曼斯坦和乌兹别克斯坦由于数据缺失无法排名。总体来看，中亚、南亚和东南亚部分国家融入网络世界的准备程度普遍较低。

只有进行通信基础设施建设，才有可能普及移动电话和互联网，发展基于信息技术的各种应用和产业，提高信息化水平。为了减小中国与“一带一路”沿线国家之间的信息鸿沟，中国与沿线各国开展了大量合作，大力建设现代化的通信设施。

除了柬埔寨的海底光缆，全长 1500 千米的中缅穿境光缆也已开始使用，同时在老挝等东南亚国家也有着中国公司参与的光缆项目，未来在东南亚地区会形成一个光缆网络，将促进东盟基础设施互联互通，实现共同发展。截至 2017 年 5 月，我国已与周边 12 个国家建成跨境陆缆系统，建成了四条国际海缆，正在扩容中哈，新建中阿、中巴以及“丝路光缆”等跨境光缆系统，同时正积极推进基础电信企业参与“中国—东盟信息港”、非洲“六纵六横”骨干光缆等建设。

近年来，我国在通信卫星领域取得长足发展，已有数十颗通信卫星先后镶嵌在浩瀚星空，联结成一条“太空丝路”。它们的“星光”不仅洒落在国内，还照耀了全球 60% 的陆地，惠及全球 80% 的人口，为“一带一路”及周边地区提供了全方位的卫星通信服务。

2016 年 8 月，天通一号 01 星的发射拉开了我国自主建设卫星移动通信系统的序幕，该卫星与地面移动通信系统共同构成移动通信网络，可为我国及周边地区，以及太平洋、印度洋部分海域的用户提供全天候、全天时、稳定可靠的移动通信服务，支持语音、短信息和数据业务。无论是行进在“一带”上的中欧班列，还是游弋在“一路”上的远洋船舶，都能随时随地凭借手持移动终端享受到卫星通信服务。

2018 年 1 月，我国首颗高通量通信卫星实践十三号在轨交付，正式投入使用，它让我们无论在飞机、高铁还是船舶上，无论在偏远山区、边疆还是海岛

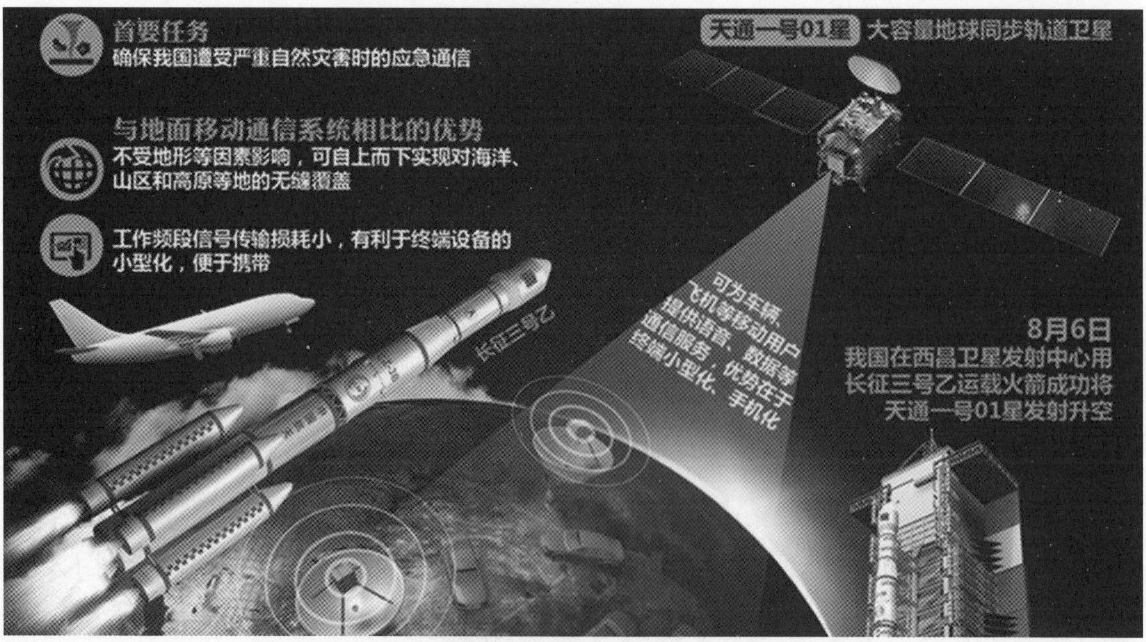

上，都能便利地接入互联网。后续我国还将发射实践十八号、中星十八号、亚太6D等卫星，形成高通量系列化卫星组网运行，带动我国通信卫星能力全方位升级。

可以预见，随着通信线缆的大面积铺设和通信卫星性能的持续提升，国际通信互联互通水平会大幅度提高，一条无形的信息丝路会将我国与“一带一路”沿线各国的命运愈发密切地联系起来。

课后思考

1. 中国公司的投资给缅甸和柬埔寨通信行业带来了哪些影响？

2. 通信卫星在诸多领域发挥着重要作用。你知道通信卫星是如何工作的吗？通过网络或图书馆，查查资料，了解一下吧。

第八课　钢铁驼队

丝绸之路上的生意，人们已经做了两千多年，往来东西的驼队，装载着异域物产和对陌生国度的想象。如今，列车飞驰而过的轰鸣声，早以替代了响彻千年的声声驼铃。奔驰在西出铁轨上的多个中欧班列，也被人们视为“铁轨上的丝绸之路”。在“一带一路”实施和构建互联互通、和平共享的开放型经济新体制的背景下，这些新丝路上的“钢铁驼队”，开始了万里征程。

“义新欧”班列，行程 13 050 公里

后方前方

中欧班列，肇始于我国内陆地区的直辖市——重庆。

一江春水向东流，内陆地区依赖于沿海地区走向世界，在改革开放之后，内陆经济便渐渐落后于沿海。深处内陆的重庆是中国老工业基地之一，也经历了同样的命运。内陆地区的发展，要如何突破地理因素的限制呢？

2009 年，重庆承接沿海产业转移，开始打造世界级的电子产品基地，惠普、宏碁、华硕的“笔记本电脑出口制造基地”先后落户重庆。在合作的时候，一个问题开始显现。全球的网络终端产品、各种智能设备，有 40% 是欧洲在消费。重庆要把 40% 的产品运到欧洲，需要先经 2000 多公里铁路运到广东，再从广东经 20 000 公里海路到欧洲，这差不多要一个半月甚至两个月时间，还要承受高昂的运费。而这些销往欧洲的产品，由于交货期太长，到达目的地之后，市场价格已经大幅下降。运输的瓶颈还影响到了重庆的招商引资工作。惠普等企业最初在重庆设立的仅为内销项目基地，产能有限，导致零部件配套企业不愿意来重庆设厂。

面对此情此景，政府和企业都把目光转向了横贯亚欧大陆的铁路线路。中国内陆的铁路可通过北疆铁路在新疆阿拉山口出境，与哈萨克斯坦的铁路连接，再与俄罗斯的铁路连通后便可直抵欧洲。这条线路是早已存在的新亚欧大陆桥的一部分，为什么不把它变成亚欧之间的运输大通道呢？

2010 年 8 月，重庆市代表赶赴北京，正式向海关总署和铁道部提出开行重庆至欧洲铁路大通道“五定”班列的请求，海关总署以及铁道部领导表示积极支持。经过两次测试后，2011 年 3 月 19 日，“渝新欧”专列满载重庆制造的笔记本电脑等电子产品从重庆出发，国内段经过达州、安康、西安、兰州、乌鲁木齐和阿拉山口，国际段经过哈萨克斯坦、俄罗斯、白俄罗斯、波兰，最后到达目的地德国杜伊斯堡。该次运行专列经过 6 个国家，行驶 11179 公里，耗时 16 天，实现了“渝新欧”国际铁路大通道的全线开行。

知识链接

“渝新欧”的名称是由沿线中国、俄罗斯、哈萨克斯坦、白俄罗斯、波兰、德国六个国家铁路、海关部门共同商定的。“渝”指重庆，“新”指新疆阿拉山口，“欧”指欧洲，合称“渝新欧”。此后，陆续开通的其他中欧班列均采用了类似的命名方式。

相比海运，中欧班列能节省近 30 天的时间；相比空运，中欧班列能节省约 4/5 的费用。得益于此，重庆的电子制造业不再受交通限制，因而发展迅速。2017 年，重庆生产了全球 1/3 的笔记本电脑，全国 1/6 的手机，电子产业产值规

重庆市沙坪坝区团结村铁路集装箱中心

模突破 6000 亿元，成为全市工业经济第一支柱。

“渝新欧”的成功，促使“蓉欧”（成都—罗兹）、“郑欧”（郑州—汉堡）、“汉新欧”（武汉—捷克、波兰）、“义新欧”（义乌—马德里）等中欧班列接连开通。“一带一路”倡议提出后，中欧班列进一步发展壮大。2018 年 3 月 30 日，中欧班列“沪欧通”首发，标志着上海也正式加入中欧班列的“朋友圈”。至此，中欧班列开行路线达 65 条，中国稳定开行中欧班列的城市增加到 43 个，到达欧洲 14 个国家 42 个城市。

中欧班列的开通，正如重庆人描述的那样：当你转过身去，后方就是前方！

满载而归

不仅要往西运出货物，还要往东运回货物，否则集装箱“饿着肚子”回来，必然造成极大浪费。对中欧班列而言，回程货一直是让人头疼的问题。为了解决这一问题，重庆方面下足了功夫，最大的手笔，当属申请设立汽车整车进口口岸。

汽车走“渝新欧”路线对于商家而言非常合适。假设商家进口 100 辆汽车，平均每辆售 100 万元。从德国出发经海运到达重庆需要 45 天，而通过“渝新欧”只要 12 天。对于商家而言，相当于 1 亿元的资金少了 33 天的沉淀时间，货到就可以销售，尽快回笼资金。

在多方努力下，国家于 2014 年 7 月正式批准重庆设立汽车整车进口口岸，整车也因此被列入中欧班列（重庆）回程货源名单之中。2014 年 9 月，80 辆来自欧洲的整车搭载“渝新欧”来渝，“渝新欧”与“整车”的合作篇章由此开启。截至 2017 年 1 月底，重庆整车口岸累计进口整车 2550 辆，累计引进 26 家平行进口车商入驻口岸，实现大贸车进口 1406 辆（摩托车 484 辆），平行整车进口 1144 辆。

通过“渝新欧”进口的大众汽车

此外，为了帮“渝新欧”找回程货，重庆在欧洲设立联络处，沿线设立了 28 个分拨点，专门负责回程货的组织和协调。伴随冬季保温箱、恒温储存监控、冷链物流等运输技术的提高，重庆通过“渝新欧”成功将进口药品和进口冻猪肉运抵重庆，进一步扩大回程货物的品种。跨境电商企业也搭上“渝新欧”的快车，入驻重庆西部物流园，为“渝新欧”提供回程货源。如今，“渝新欧”回程班列已实现常态化运行，每周稳定在 4~5 班，汽车零配件、汽车整车、日用品、化妆品、奶粉、啤酒等多品类货源搭乘“渝新欧”纷至沓来。

随着“一带一路”倡议的提出，重庆作为“一带一路”和长江经济带的重要联结点，依托“渝新欧”的迅速发展，结合传统的水运和航空运输优势，开始打造内陆开放高地。“渝新欧”通道横贯亚欧大陆，将重庆和德国杜伊斯堡连接起来，以重庆为圆心，通过航空、水路、铁路向外扩展，香港、曼谷、吉隆坡、新加坡、大阪等亚洲主要城市覆盖其中。重庆正形成“铁水空公”为一体的内陆国际物流枢纽，欧洲商品不仅可以通过“渝新欧”进入重庆，还可以通过重庆去往全国，甚至全世界。

截至2018年5月1日，中欧班列（重庆）累计开行1825班（去程1178班，回程647班），进出口总货值累计超过200亿美元；其中2017年进出口总货值约50亿美元，占全国中欧班列的35%。中欧班列（重庆）已成为中欧班列中运输货值最大、辐射范围最广、带动产业最强的班列。

畅通无阻

任何事物的发展过程都很难说是一帆风顺的，总会遇到各种各样的难题，中欧班列也同样如此。

中欧班列属于跨国运输，必然会受到各国政策法规的影响。在“渝新欧”正式开通之前，货运列车在每个国家的海关都需要进行一次关检。关检的过程十分耽误时间，不当心还会损坏货物，如果是高附加值的货物，这种运输方式就显得既不经济也不合理。此外，每个国家的铁路运输都有一个运行时刻表，列车如果没有编入它的运行时刻表，就只能不断让行、开开停停。另外，各个国家铁路运输价格也有高有低，在哈萨克斯坦，每个集装箱每公里是0.6美元，在中国是0.8美元，而在俄罗斯是1美元。

为解决这些问题，重庆市在国内有关部门的支持下，与“渝新欧”沿线各国有关部门进行了大量政策沟通。

2010年，“渝新欧”沿线6个国家的海关的管理人员来到重庆，前后花费6个多月时间，经过多次会议，达成了一份协议。根据协议规定，货物在重庆海关关检以后，6个国家海关不再重复关检，形成关检互认、执法互助、信息共享；反之亦然，欧洲一个国家关检，一路过来也不再重复关检。

6个国家的铁路公司也被召集在一起，在重庆每年开一次协调会议，对班列的起点、路径、停靠站、终点、运行时间等进行确定。“渝新欧”在整个1万多公里的铁路行程中，被确定为最高等级，只要它开过去，其他所有的特快、普快、快车、货车都需要让行。

经过努力协商，俄罗斯的运输费用降到了每集装箱每公里0.55美元。在原本最高的费用降下来之后，其他国家的费用也随之降了下来。价格降到0.55美元对“渝新欧”具有里程碑的意义，这标志着其综合运价已经低于海运。

知识链接

“政策沟通”是“一带一路”建设的重要保障，也是沿线各国实现互利共赢的根本前提。政策沟通是一个达成理念共识、促进制度包容、实现战略对接、为经济融合提供务实支持的过程，最终目标是推动区域合作和发展。目前，在“一带一路”政策沟通方面，中国和沿线国家都进行了有益探索，并取得了较好的成效。

有些问题可以很快协商解决，有些问题就没那么容易了。

从重庆团结村出发的火车，载着电子产品，到达邻国哈萨克斯坦边境的多斯托克小镇后，就不能继续往前走了，因为在这列火车头前面的是完全不同的轨道。

苏联火车轨道自成体系，和周边国家不接轨，这也造成了哈萨克斯坦现在的火车轨道与中国的不接轨。中国的轨道是轨距1435毫米的标准轨，哈萨克斯坦的是轨距1520毫米的宽轨。

“渝新欧”班列到达哈萨克斯坦多斯托克小镇后，经历的是“渝新欧”班列前往欧洲途中的第一次换轨，第二次将在白俄罗斯和波兰边界。而有的路线的中欧班列因经过的国家更多，会经历更多次数的换轨，比如“义新欧”需在法国与西班牙交界的伊伦进行第三次换轨。换轨实际上是换车，就是用吊车将集装箱吊装到另一列火车上。在新疆阿拉山口口岸，工作人员先把电气化机车换成内燃机车，经由内燃机车牵引行驶19公里到哈萨克斯坦边境后，将中方的货物吊装到哈方车辆上，换上哈方司机，中方车辆再开回来。烦琐的换轨过程每次至少要耽

阿拉山口铁路宽轨场

误几个小时，有时甚至要花费一两天的时间。

轨距问题不是立刻就能解决的问题。早在 2004 年 3 月，哈萨克斯坦铁路总公司就宣布，将依托中亚能源管线，建设横贯哈萨克斯坦的新铁路，这将是一条准轨铁路。然而，在哈萨克斯坦提出建设准轨铁路两年后，传来了俄罗斯、哈萨克斯坦等十一个国家召开《战略伙伴关系—1520•中亚》铁路行业研讨会的消息，说要维护 1520 毫米轨距的战略伙伴关系，哈萨克斯坦建设准轨铁路的计划就此搁浅。

随着“一带一路”倡议的提出，特别是哈萨克斯坦总统在访问中国期间体验了中国高铁后，哈萨克斯坦又有了建设准轨铁路的计划，希望中国可以提供技术帮助，援建高铁。但是，按照国际铁路协会的规定，高速铁路的轨距为 1435 毫米，哈萨克斯坦新建高速铁路是不是依然会受到 1520 毫米轨距联盟的制约呢？为了解决这些问题，哈萨克斯坦与中国在政策、技术方面进行了多次的协商沟通。2011 年 2 月，中国与哈萨克斯坦共同签署了《关于哈萨克斯坦国家铁路公司和中华人民共和国铁道部在建设阿斯塔纳—阿拉木图高速铁路领域合作的备忘录》，标志着这一项目的建设正式提上了日程。

相信在不久后，“一带一路”沿线各国铁路的轨距会得到统一。到那时，西行的列车应该会开得更快一些。

课后思考

1. 阅读课文，简述课文中谈到的“渝新欧”班列开通的主要原因。

2. 中欧班列的开通遇到了哪些问题？这些问题是如何解决的？

3. 你觉得中欧班列在“一带一路”建设中会给中国内陆地区的城市带来哪些机遇？

第九课　海岸明珠

青岛港、泉州港、海参崴、比雷埃夫斯基港、科伦坡港，提到“一带一路”沿线的天然良港，我们总能随口说出几个。你可别忽视这些大自然的“杰作”，作为“一带一路”的重要节点，港口在“一带一路”建设中扮演着“先行官”的角色。在世界物流迅猛发展、港口贸易日益频繁的今天，不断完善港口标准化体系，提升全产业链服务能力，积累港口建设、投资、经营实力，积极投入到“一带一路”建设中显得尤为重要。

走廊支点

如果你从巴基斯坦南部城市卡拉奇飞往瓜达尔，总会受到这样的“特殊待遇”。每到降落之前，飞机都会在瓜达尔上空盘旋一圈，让乘客得以在空中俯瞰

海滨小城瓜达尔

这座美丽的海滨小城。

知识链接

卡拉奇，巴基斯坦第一大城市，位于巴基斯坦南部海岸、印度河三角洲西北部，南临阿拉伯海。区内有巴基斯坦国立博物馆、裘宽迪、真纳墓和哈埋矶湖等多个旅游景点。

一边是无边无垠的大海，一边是浩瀚广袤的沙漠，在蓝黄相交之处，就是瓜达尔。作为一个原本以渔业为主的小镇，这里的城市规模并不大，零星散落的楼房与低矮的平顶民居相交相伴。

瓜达尔港濒临阿拉伯海，靠近霍尔木兹海峡，位于具有重要战略意义的波斯湾附近，紧扼从非洲、欧洲经红海、霍尔木兹海峡、波斯湾通往东亚、太平洋地区数条海上重要航线的咽喉。在这片海域附近，瓜达尔港仿佛是一个从陆地伸向海洋的“锤子”，由一个南北向的“锤柄”连接一个东西向的“锤头”。正是在这个“锤头”的保护之下，东西两侧的“锤柄”才形成了两个天然港湾，即便暴风骤雨，狂涛浪涌，港内都不会受到任何“骚扰”，依旧水波涟漪。可以说，瓜达尔港是南亚地区自然条件最优良的港口之一。

知识链接

霍尔木兹海峡，位于亚洲西南部，介于伊朗与阿拉伯半岛的阿曼角之间，东接阿曼湾，西连海湾，形似人字，是波斯湾通往印度洋的唯一出口。霍尔木兹海峡有着十分重要的经济和战略地位，它是波斯湾石油通往西欧、美国、日本和世界各地的唯一海上通道，是东西方国家间文化、经济、贸易的枢纽。霍尔木兹海峡被誉为西方的“海上生命线”。

“养在深闺人未识。”在 2013 年之前，这里人烟稀少，除了目之所及的沙漠和世代以打鱼为生的原住民外，外人对此地知之甚少。“一带一路”倡议提出后，作为中国友好国的巴基斯坦很快便做出了响应。2013 年 5 月，为了加强中巴之间交通、能源、海洋等领域的交流与合作，实现两国互联互通，促进两国共同发展，国务院总理李克强在访问巴基斯坦期间提出建设中巴经济走廊的建议，而瓜

瓜达尔港

达尔港是中巴经济走廊的核心支点。

按照规划，中巴经济走廊将从新疆喀什出发，经过红其拉甫口岸进入巴基斯坦，最终在瓜达尔港进入印度洋。这条通道一旦打通，来自中国新疆以及巴基斯坦的资源可源源不断地通过瓜达尔港运往全世界。随着诸多基建项目的落实，投资者开始对瓜达尔港表现出浓厚的兴趣，过去几年里，这里的地价成倍增长，不少企业在此考察建厂。负责瓜达尔港开发的一位当地官员说："最多时我们一天要接待 3 家公司。""一批包括高速公路、自贸区、酒店、输气管线等的工程项目也将开工。这些基础设施建成后，就能彻底解决水电供应、交通不便等问题，彻底释放瓜达尔港的潜能。"另一位官员说。

知识链接

红其拉甫口岸，地处中国新疆喀什地区西南部，位于帕米尔高原塔什库尔干塔吉克自治县境内，同巴基斯坦北部地区毗邻。口岸海拔 4733 米，是世界上海拔最高的口岸。红其拉甫风光壮美，奥依塔克森林、卡拉库里湖、慕士塔格峰、石头城、公主堡是其境内著名景点，但由于环境恶劣，素有"死亡山谷"之称。

自2013年交付中方至今，瓜达尔港建设已经走过了5个年头。作为中国迄今最大的援外工程之一，瓜达尔港已经开始造福两国人民。瓜达尔的海鲜如今在克拉玛依家喻户晓。有人说："新疆离海洋最远，但克拉玛依离海最近。"瓜达尔港当地渔民也多有感叹："中国人来了后，一切都好起来了。"因为他们将加入中国渔业公司，从而告别渔产品"没人买、放不住、运不出"的过去，未来工作生活有了更多坚实保障。瓜达尔港自由区还吸引了不少巴基斯坦本土企业入驻，如巴基斯坦JOLTA科技公司投资的电动车项目在2017年年底建成投产。

未来，瓜达尔港自由区规划中的"前港、中区、后城"的模式将一步步得以实现，一个宜居宜业、特色鲜明的现代化园区将彻底改变瓜达尔港面貌。自由区南部商贸物流区依托现有码头，重点发展仓储、物流、商品展销等产业；北部加工制造区将重点发展汽车制造及组装、家电、纺织、食品、医疗器械，形成具有完整产业链条的规模化产业集群。沿海岸线发展旅游休闲、餐饮、水上运动以及配套生活设施。按照巴方远景规划，瓜达尔港将继续扩建，计划将瓜达尔港发展成全球贸易中心之一，远期货物年吞吐量达3亿至4亿吨。未来20年，该地区人口将翻10倍，增至200万。

中国和"一带一路"沿线国家和地区正构建命运共同体，瓜达尔港的建设是这一伟大事业的良好体现。在"一带一路"倡议和中巴经济走廊规划的引领下，在中巴两国政府和人民的不懈努力下，瓜达尔港的明天一定会更加美好。

海陆枢纽

华灯初上，夜幕下的天津商铺林立，人声鼎沸，波光粼粼的海河蜿蜒向东，通往渤海。这里有我国北方非常繁忙的海上航线，所有经天津走海运的物品，都要从这里出发，途经渤海、黄海，最后运抵目的地。

这条繁忙的海上航线的起点，就是天津港，它是中国北方最大的综合性港口和重要的对外贸易口岸。天津港有着十分有利的地理区位优势，它坐落于天津滨海新区，背靠国家新设立的雄安新区，辐射东北、华北、西北及中西部等地区，连接东北亚与中西亚，是京津冀的海上门户，也是中蒙俄经济走廊的东部起点和"21世纪海上丝绸之路"的战略支点。

天津港鸟瞰图

作为我国唯一拥有二连浩特、阿拉山口（霍尔果斯）和满洲里三条大陆桥过境通道的港口，天津港积极融入“一带一路”之中。近年来，天津港加快建设国际多式联运通道，逐步建立起丝绸之路经济带沿线国家和地区陆向经贸物流网络，构建了“津蒙俄”运输网络，开通了“中蒙俄”国际运输通道，向西打通了“津新欧”跨境物流大通道。除此之外，天津港还与招商物流、天津外运等公司合作，开通天津至白俄罗斯首都明斯克和俄罗斯首都莫斯科的中欧铁路班列，开创“东北亚—天津港—大陆桥—中亚、西亚和欧洲”双向多式联运模式，其年集装箱海铁联运量和陆桥运输量始终位居我国前列。

为使直通西部铁路大通道畅通无阻，天津港在腹地设立 25 个内陆无水港和 5 个区域营销中心，形成多层次、网络化的现代物流体系。同时不断强化国际物流服务平台功能，推进“津新欧”物流基地、东疆澳洲国际食品园等“一带一路”重点项目建设，打造“一带一路”国家地区产业合作平台。

此外，天津港还不断深化与“一带一路”沿线港口、世界知名航运企业和大物流商、贸易商的战略合作，吸引跨国大型企业集团参与港口建设、经营，促进物流分拨、仓储加工、装备制造、金融贸易、邮轮旅游等业态在港口聚集发展。天津港先后与荷兰阿姆斯特丹港、韩国仁川港、法国马赛港、意大利德里亚斯特港等港口建立友好港关系，与新加坡港、阿联酋迪拜港、比利时安特卫普港、德

天津港

国汉堡港等港口建立良好关系或签署友好交往备忘录，推动与国际一流大港之间在人才、技术、管理、业务等方面的多层次交流合作，共建港航生态网络，共享港口发展成果。

作为我国著名的港口，目前的天津港正在加快港口转型升级，努力将自身打造为全球资源配置的枢纽。

海岸明珠

在我们这个古老的国度，虽然几千年前就有先民乘风破浪远赴重洋，但直到公元 10 世纪，中国的经济重心南移之后，海运才普遍进入中国商人的视野。而从大航海时代开始，海运一直是国际贸易中最主要的物流方式。

今天，地球表面的船只已经多如繁星，四大洋上的货船数量已经增加到 30 万艘，承载着全球贸易量的 80%。当我们把过去几年里货船数量增加得最快的航线标注出来时，就会发现，这与当年那条从中国出发，经马六甲、印度洋、苏伊士运河到地中海的古航线何其相似！只不过在数个世纪的沉寂之后，它有了一个新的名字——21 世纪海上丝绸之路。

港口是“海上丝绸之路”的起点和支点，中国已经成为全球第一港口大国，在全球港口货物吞吐量和集装箱吞吐量排名前十大港口中，中国港口均占有 7 席。在港口贸易支撑下，中国不断完善港口标准化体系，积累港口建设、投资、经营实力。在“一带一路”倡议下，中国港口企业“出海”探路。据不完全统计，中国已在“一带一路”沿线 23 个国家与地区投资港口码头建设，年投资额超百亿美元。

一个个美丽的港口，如同一颗颗明亮的珍珠，通过海上丝绸之路这条线连成一串。这一串“海岸明珠”和陆上的多支“钢铁驼队”一起，连接着“一带一路”沿线 40 多亿人，将古老的辉煌续写！

课后思考

1. 瓜达尔港从之前的名不见经传到现在的发展繁荣，既受益于“一带一路”建设，也与自身的努力分不开。你能从中受到哪些启发？能否据此为你的家乡建设提出几条建议呢？

2. 近年来，天津港不但得到长足发展，跻身世界级大港行列，而且在港口建设方面也注重生态环境保护，取得了良好效果。请你说说，在港口建设中应该注意哪些生态环境问题。